WAIGUO CAIZ

兼收

IDU CONGSHU

蓄 避短扬长

外国财政制度丛书

名誉主编 项怀诚 主编 刘长琨

外国财政制度丛书

新加坡财政制度

财政部《财政制度国际比较》课题组　编著

中国财政经济出版社

图书在版编目（CIP）数据

新加坡财政制度/财政部《财政制度国际比较》课题组编著.—北京：中国财政经济出版社，1999.6
(外国财政制度丛书)
ISBN 7-5005-4147-3
Ⅰ.新…　Ⅱ.财…　Ⅲ.财政制度-新加坡　Ⅳ.F813.391
中国版本图书馆 CIP 数据核字（1999）第 06984 号

外国财政制度丛书
新加坡财政制度
财政部《财政制度国际比较》课题组　编著
中国财政经济出版社 出版发行
URL：http：//www.cfeph.com
E-mail：cfeph @ drc.gov.cn.

社址：北京东城大佛寺东街 8 号　　邮政编码：100010
发行处电话：64033095　财经书店电话：64033436
北京财经印刷厂印刷　　各地新华书店经销
850×1168 毫米　32 开　5.625 印张　130 000 字
1999 年 7 月第 1 版　1999 年 7 月北京第 1 次印刷
印数：1—4 000　定价：13.00 元
ISBN 7-5005-4147-3/F·3765
（图书出现印装问题，本社负责调换）

兼收并蓄　避短扬长

（序　言）

财政部《财政制度国际比较》课题组将于近期相继推出两套丛书，一套是全面、系统地介绍二十来个有代表性国家财政制度的《外国财政制度丛书》，一套是就预算、政府支出、税收、国债、转移支付、社会保障、国有资产管理等财政经济范畴和相关制度进行国际比较的《财政制度国际比较丛书》。出版这两套丛书的目的，是促进我国对外国财政的研究，为财政改革和财政工作更好地借鉴国外先进经验服务。

改革开放以来，特别是近十年来，在财政改革不断深入，财政经济迅速发展的同时，财政科学研究也出现了空前的繁荣，大量的论文、译作、专著、教材纷纷发表和出版，其中有很多是研究外国财政或进行中外财政比较研究的，这些研究成果在一定程度上弥补了我国财政理论在这方面的欠缺，为我国财政改革和建设提供了参考。但由于种种原因，在全面地分析各类国家财政制度的总体情况，系统地比较各国财政的精要方面，一直有所欠缺。这次《财政制度国际比较》课题组所做的工作，希望能在这个领域有所进展，有所突破。

建立和完善社会主义市场经济体制是一项前无古人的伟大事业，没有任何现成的模式可供抄袭。然而，新体制决不能是空中楼阁，维其史无先例，更需要我们广泛深入地研究别国尤其是市场经济国家的经验和作法，大胆探索，勇于实践，找到适应中国自身实际的新路子。研究外国财政的主要目的，正在于借鉴有关国家财政制度建设和财政管理方面的先进经验，吸取他人长处以为我用，对此，我们必须有正确的认识。江泽民总书记在党的十五大报告中指出，在社会主义初级阶段，“需要扩大开放，吸收和借鉴世界各国包括资本主义发达国家的先进技术和管理经验”。这段话明确地告诫我们，在我国改革和发展过程中，需要吸收和借鉴别国的经验，兼收并蓄，避短扬长。显然，这也应当成为研究外国财政的指导。

在建国后相当长的历史时期内，受当时的政治经济理论的影响，财政研究很少涉及外国的情况，特别是对西方财政的态度，或是简单排斥，或是一味批判，而对其实际内容知之甚少。而当时我国经济处于封闭或半封闭状态，实行高度集中的计划经济体制，财政的作用不能充分有效地发挥，事实上也没有很好地具备借鉴外国经济的条件。改革开放以后，特别是我们党决定建立社会主义市场经济体制以来，作为主要的宏观调控手段之一，财政的职能日益强化，作用日益扩大，原来按照计划经济模式建立的财政机制愈来愈不能适应新形势的要求，进一步深化改革势在必行。而要建立适应市场经济发展要求的新型财政，又显得经验十分缺乏，这使得我们自然而然地将目光投向世界，寻求外国的经验，特别是市场经济比较发达的国家的经验。正是这样一种需求，促进了对外国财政的研究，并不断使之与我国财政改革实践更加紧密地结合。

西方发达国家实行市场经济体制已有几百年的历史，在长期的发展过程中，形成了一整套与市场经济相适应的政策、制度和法规，既有成功的经验，也有失败的教训，所有这些都是我国在发展社会主义市场经济过程中应当借鉴的。当然，由于社会制度根本不同，各国国情千差万别，经济发展水平迥异，在西方国家行之有效的政策和制度，放到我国就未必能产生同样的效果。这些因素是我们在借鉴西方国家财政管理经验时应当注意的。但是，这丝毫无损于财政科学国际比较的重要意义。要加强对西方国家财政的研究，真正弄懂西方国家财政运行机制及与之相关的背景、条件，按照马克思主义的立场、观点和方法加以科学分析，取其精华，弃其糟粕，深入探讨社会主义市场经济和资本主义市场经济条件下财政制度和政策中的相似之处和共同规律。

外国财政研究还要特别注意中等发达国家和发展中国家的经验。这些国家在发展本国经济和建立适应本国特点的财政经济制度方面积累了很多宝贵经验，在避免出现发达国家政策和管理上的失误方面，也有很多经验和教训。特别是其中一些新兴的工业国家，它们在经济组织和生产起点上与我国有着比较类似的情况，我们在参考和借鉴上有很多有利条件。曾有一种观点，认为西方国家的市场经济发达而成熟，我们只要研究和吸取这些国家在管理上的精华就够了，甚至认为我们在借鉴外国经验方面最有效率的办法是选准某一国家模仿和照搬。这种观点显然是不正确的。且不说照搬照抄别国的经验无法行得通，就是作为一种思想方法而言，也有极大的片面性。

社会经济活动加速国际化，是战后世界经济发展的一个明显特征。当今，全球性的相互依存程度又进一步扩大和加深。社会主义市场经济是现代经济，是开放经济。在国家之间的联系空前紧密，商品、技术、信息乃至整个经济活动日益趋向一体化的今天，一个国家的制度建设和政策安排已不可能完全孤立地进行，它势必影响到其他国家，也受到其他国家的影响。在这样一种社会背景下，在本国制度建设上吸收和借鉴别国的经验不仅仅是一种主观选择，更是一种客观需要，是国际合作与协调的需要，是进入国际社会的要求。从这个角度看待外国财政研究这项工作，可以说意义深远。

在当前加快建立社会主义市场经济体制，推进机构改革，转换政府职能的形势下，加强对外国财政的研究工作更加显示出其重要性和紧迫性，因而更具有十分重要的现实意义。希望《财政制度国际比较》课题组所做的工作能够成为引玉之砖，不断有更新更好的外国财政研究成果问世。

《外国财政制度丛书》编辑委员会

编写说明

本书是财政部“九五”科研规划重点课题《财政制度国际比较》的阶段性研究成果之一。该课题于 1997 年初启动，计划对世界上 20 来个有代表性国家的财政制度进行系统研究，对预算、政府支出、税收、国债、转移支付、社会保障、国有资产管理等财政经济范畴及相关制度进行国际比较研究，并计划在 2000 年之前将有关研究成果分阶段出版或发表。为使该课题计划得以顺利实现，由财政部人事教育司和上海财经大学牵头组成了以财政部有关司局领导，部属院校和科研单位的专家、学者为主体的课题组。其具体构成是：财政部人事教育司司长廖晓军同志任组长；人事教育司副司长解学智教授、财政部财政科学研究所副所长王朝才研究员、上海财经大学副校长储敏伟教授和中南财经大学副校长吴俊培教授任副组长；成员为东北财经大学马国强教授、山东财政学院左敏教授、中央财经大学李俊生教授、中南财经大学许建国教授、上海财经大学蒋洪教授、江西财经大学刘汉屏教授、财政部财政科学研究所吕旺实研究员和财政部人事教育司高等教育处处长余蔚平同志等。本书作者为山东财政学院左敏教授和卢洪友教授，主审人为余蔚平。在课题研究过程中，还有很多同志参加了有关工作，一些同志受课题组委托承担了专项研究任务。特别需要说明的是，财政部部长项怀诚同志十分关心课题的进展，并给予了多方面的支持和指导，部长助理刘长琨同志直接主持了有关工作，财政部的老领导刘仲藜同志、刘积斌同志也对课题的确定给予了关怀和支持。

确定《财政制度国际比较》课题的目的，是通过对世界上各种类型国家财政制度的全面介绍和系统分析，通过对财政制度建设的国际经验的抽象和总结，为我国财政改革乃至整个经济、政治体制改革提供参考，促进外国财政研究的繁荣和发展。但受课题组组成人员水平和其他有关条件的限制，有些研究成果还有可能达不到这一要求，存在这样那样的不足甚至错误，对此，欢迎批评、指正并对课题研究本身不吝赐教。

《财政制度国际比较》课题组

目　录

第1章　新加坡概况

1.1　自然状况

1.1.1　地理环境

新加坡坐落在东南亚马来半岛南端，位于北纬1°09’和东经103°36’与104°25′之间，赤道以北大约137公里处。北邻柔佛海峡和马来西亚柔佛州，南隔新加坡海峡与印度尼西亚缪内群岛相望，地处印度洋和太平洋航线的交叉路口，是世界重要的海上交通要道和国际海洋航线枢纽。

1965年建国时，新加坡的国土面积为572平方公里，相当于香港面积的一半，之后，由于不断填海造陆，国土面积不断扩大，1996年达到647.5平方公里。

新加坡是一个岛屿城市国家，它由主岛（新加坡岛）、北部岛屿、南部岛屿3部分60多个岛屿组成。其中，主岛东西长约42公里，南北宽约23公里，海岸线长约194公里，面积约584.8平方公里，占全国土地面积的93%。

作为一个新兴的城市岛国，新加坡的战略地位十分重要，它是马六甲海峡的出入口，是连接亚洲和大洋洲的桥梁；此外，新加坡的时区位置也十分优越，在新加坡八小时的工作时间里，可以与美国、日本和欧洲保持联系。

16世纪开始，欧洲殖民主义者开始入侵东南亚，1819年新加坡被英国占领，1824 年沦为英国殖民地，被开辟为自由港和英国在东南亚的海空军基地。1959 年 6 月新加坡自治邦政府成立，1963 年加入马来西亚联邦，1965 年 8 月脱离马来西亚联邦成立独立的新加坡共和国。

新加坡地势不高，主岛面积大约有 60% 在海拔 15 米以下，全国海拔最高点在主岛东部的武吉知马山，为海拔 175 米。主岛的西南部是重要的屏避港口和城市，东部被河流切割成一系列崎岖的地段，是全国主要的农业地区。主岛的四周有很多分流入海的小河，形成宽窄不一的河口湾平原，南岸平原较大，北岸河流较宽广，这些河流是农业的主要灌溉水源，全岛最大的河流是实里达河，它全长 12 公里。由于新加坡主岛用水自供不足，其日常用水的 50% 左右需从马来西亚柔佛州引进。

1.1.2 气　候

由于新加坡南距赤道仅 137 公里，加之四面环海，故气候温暖潮湿，高温多雨。全年最高气温 35.8°C，最低气温 19.4°C，平均日气温 26.7°；平均相对湿度为 84.3%，最大湿度为 96.2%，最小湿度为 64.2%；平均年降雨量为 2353 毫米，最高年降雨量为 3452.4 毫米，最低年降雨量为 1483.9 毫米。

1.1.3 航运和旅游资源

优越的地理位置对新加坡的经济发展产生了积极而重要的作用。历史上，新加坡多次成为繁荣的海上港口，中世纪时，新加坡地区是当时东南亚繁荣的国际货物集散地，1819 年，英国占领新加坡，并将其辟为自由港，1869 年，随着苏伊士运河的开通，新加坡与欧洲的距离大大缩短，新加坡在世界航运中的地位更加突出。本世纪 60 年代以来，新加坡政府为适应世界海运发展的要求，对港口进行不断的建设和改造，形成了裕廊港、巴西班让、岌巴港、东礁湖等多个港区，开辟了 300 余条海洋航线，有世界 80 多个国家和地区的船舶往返于此，港口吞吐量居世界前列，逐渐成为东南亚地区的商品贸易中心和世界重要的大转口港。

新加坡有丰富的旅游资源，著名的旅游胜地有圣陶沙和姑苏岛，裕廊山花园、飞禽花园、东海岸公园，裕廊湖中的裕华园和星和园等，借助于本国历史传统和文化特色，加之高水平的社会化服务，新加坡已发展为东南亚地区重要的旅游中心及国际会议和展览中心。

1.2　社会与经济状况

1.2.1　社会状况

(1) 人口。

新加坡是一个多民族共同组成的社会，华人是其社会人口的主体（见表 1-1)。1996 年 6 月，新加坡全国人口 304.4 万，人口增长率为 1.9%，其中华人 235.27 万人，占总人口（下同）的 77.3%：马来人 43.9 万，占 14.1%；印度人 22.21 万，占 7.3%；其他人种 3.86 万，占 1.3%。在总人口中，男性人口为 153.11 万人，女性人口为 151.32 万人，男女人口的比例约为 1.02:1。

近年来，新加坡人口的年龄结构也在发生变化，社会人口的平均年龄已从 1986 年的 27.8 岁增加到 1996 年的 32.2 岁，60 岁以上人口占总人口的比例也从 1986 年的 8.3% 增加到 1996 年的 10%。由于新加坡国土面积狭小，加之海域面积相对较大，故其人口非常稠密，人口密度1996年已达到每平方公里4702人，是世界人口密度最大的国家之一。由于新加坡人口相对其国土面积显得过多，故新加坡政府从60年代起就采取法律、经济、行政等多种手段，严格控制人口增长，并取得了明显的成效，其人口增长率从40—60年代的年3%左右下降到90年代的1%左右。但与此同时，又出现了高学历人口群体生育率低于社会平均水平的情况。为了保证人口质量，优化人口结构，新加坡政府在1984年提出了鼓励高学历人口群体增殖人口的政策，提倡受过高等教育的夫妇生3个以上子女，与此同时，采取利益激励的办法，对生育子女数低于国家规定生育数的低学历夫妇给予经济奖励，以保持人口增长的相对平衡。

表1-1 新加坡的人口变化情况

年	总人口及男女人数（万）			民族分布（%）				人口密度（人/每平方公里）	人口增长率%
	总人口	男性	女性	华人	马来人	印度人	其他		
1992	281.82	142.37	139.45	78	14	7	1	4397	2.0
1993	287.38	144.99	142.39	78	14	7	1	4481	2.0
1994	293.02	147.63	145.39	77	14	7	2	4535	2.0
1995	298.65	150.29	148.36	77	14	8	1	4612	1.9
1996	304.43	153.11	151.32	77	14	7	2	4702	1.9

资料来源：《新加坡1997年》。

(2) 语言。

由于特殊的人口结构、地理环境和历史原因，新加坡的语言结构也比较复杂，其官方语言有四种，即马来语、华语、泰米尔语和英语。前3种是国内主要种族的传统语言；英语因殖民地历史背景和其特殊的国际地位，也成为新加坡的主要语言。在上述语言中，马来语被规定为新加坡的国语，英语是官方行政活动中最常用的语言。

新加坡是以华人为主体的国家，其华人群体的通用语言除了汉语普通话外，还有福建话、潮州话、广东话、海南话等地方语言。1979 年 9 月新加坡政府在当地华人团体的支持下，开展了旨在用标准的汉语普通话取代方言的“华语推广运动”，使普通话在新加坡的使用时间和空间大大增加，其在新加坡语言结构中的地位日趋重要，逐渐成为占新加坡人口 70% 以上的华人的共同语言。尽管新加坡已于 1965 年退出马来亚联邦，但迄今依然保留马来语为国语。

（3）宗教。

新加坡是一个多元教派并存的国家，各类宗教信民约占全国人口的 80%，世界上主要教派，如佛教、道教、伊斯兰教、印度教，基督教、天主教等在新加坡都有较大的影响。

在新加坡，教徒的分布结构体现了明显的民族特征，如华人多信奉佛教和道教，马来人和巴基斯坦人多信奉伊斯兰教，印度人多信奉印度教，天主教和基督教的教民则主要是西方人。

新加坡政府奉行信仰自由、多元结构、宗教与政治严格分离的宗教政策，鼓励人民选择自己所信仰的宗教，注意协调各种宗教之间的关系，使各宗教之间和睦相处，相安无恙。开放灵活的宗教政策，使新加坡的宗教活动在社会发展，特别是文化、教育和社会福利活动中发挥着积极的作用。

（4）教育。

新加坡的教育模式是政府办学、政府协助办学、私人办学 3 种形式并存、互相补充的模式。其中，政府办学和政府协助办学是新加坡教育的主体。新加坡教育的宗旨是：培养每一个儿童，使其具有良好的品德和正确的价值观，成为具有责任心和义务感，忠于国家，热爱家庭，自立自强的人。

新加坡实现10年制基础教育，其教育过程分为4个阶段，即6年的小学教育；4—5年的中学教育；2—3年的大学先修班教育和至少3年的大学课程教育。

儿童6岁入小学，小学学制6年，其间前4年为基础教育阶段，后2年为导向教育阶段。基础教育阶段主要学习英语、母语、数学等3门基础课程；导向教育阶段则有选择地学习科学普及知识、艺术和工艺、道德教育、体育健康等课程。小学4年级后，学校根据学生的成绩和其他情况将学生分为不同的班。小学学习结束时，所有学生都要参加毕业考试，然后进入中学学习。

学生进入中学之后，学校根据小学毕业考试的成绩将学生分为特殊班、快班和普通班。前二者的学制为4年，后者学制为5年。中学的前两年，学生主要学习共同的基础课，包括英语、母语、数学、文学等；3年级以后，学生可以选择艺术和工艺学、设计和技术学、家政学、办公室管理、商业、体育和音乐等特殊课程，也可以选择第三语言等。这些课程各具特色，其开设是为了适应学生的学习能力和兴趣，为学生提供按照自己的兴趣和计划发展的条件。中学毕业时，所有学生都要参加一般教育证书普通水准考试，通过考试的学生可进入大学预备班学习。

新加坡的大学教育分为两个阶段，即大学预备教育和高等教育。大学预备教育的学制为2—3年，预备班结束时学生参加一般教育证书高级水准考试，通过后进入大学接受高等教育。高等本科教育学制为3—4年，学生学习3年后成绩合格者可获得学士学位，学习优异者继续深造1年后可获得荣誉学位。

新加坡重视发展技术教育，培养和锻炼学生社会实践能力。在基础教育阶段，小学和中学都开设技术性课程，使学生具有较强的动手能力和社会适应能力。新加坡的教育也十分注意尊重和发挥受教育者自身的兴趣和特长，在小学和中学就开设涉及面广泛的选修课，使学生在基础教育阶段就能选择最适合自身个性的科目学习，从而提高了个人成才的机率和教育的社会成效。新加坡教育的一大特点是双语教育，所有学生都必须接受英语和母语教育，这就使得在新加坡成长的年轻人都具有两门以上的语言能力。

继续教育在新加坡也受到重视。新加坡政府将职工的业务培训和科技再教育当作提高人力资本质量和提高劳动生产率的重要手段，特别重视由于各种原因无法继续接受学历教育的技术工人提供继续教育和完善自我的机会和条件。在新加坡，专门管理职工培训的机构有工业训练局和经济发展局。工业训练局着重技术工人证书课程的培训，设全日制和半日制工科课程，主要接受中小学离校学生的技术培训工作，学制一般为 3 年，第 1 年接受初级技工基础理论训练，后 2 年到指定工厂进行在职业务训练。学习期满后通过统一考试，按照国家统一的标准，颁发技工等级证书。经济发展局主要面向企业培训在职职工。其培训的方式主要有 3 种，即工业培训、海外培训和联合工业培训。工业培训主要训练在职学徒，资本在百万新元以上，工人在 50 名以上的企业，都可根据需要申请工业培训，期限为 2—4 年，培训期间，政府给予每名受训人员一定补助。海外培训是要求在新外国企业选派新加坡籍职工到海外学习先进的技术和管理经验，政府给予受训者一定的服装、生活补助。联合培训是新加坡政府与跨国公司联合举办技术培训，属于技术转让的一种形式。这种培训一般分两阶段进行，每一阶段分别为 2 年，第一阶段主要学习技术理论，第二阶段主要到指定工厂进行业务培训，培训期满后经过考试发给技工证书。此外，新加坡还设有专门培训公务员的公务员进修学院，它为公务员学习公共行政管理和政府发展政策等提供了机会和条件，也成为新加坡政府提高公务员素质的有效手段。

1996年新加坡教育的基本情况为，小学192所，在校学生269590人；中学144所，在校生184726人；大学18所，在校生约40000人，毕业生8218人。大学毕业生占18岁以上成人的比例为21%；15岁以上人口的文盲率为8%，文盲主要集中在老年人口群体中（资料来源：Singapore Facts And Picture 1997）。

新加坡是亚洲最重视教育的国家之一，政府的教育经费投入每年都占其国民生产总值的4%左右。为了使学龄儿童有受教育的经济保障，新加坡政府实施了“教育储蓄计划”，即对6—16岁的学生设立“教育储蓄账户”，国家定期在账户上存入一定数量的资金，也鼓励家长把钱存入储蓄账户，学生在接受普通教育期间，可以用账户上的资金支付受教育所需的费用。

（5）其他。

新加坡是一个环境优美、社会稳定、人民生活富足的国家。为了形成文明、稳定的社会状态，政府一方面通过建立世界上最重的日常不良行为惩戒制度来督促公民养成良好的行为习惯，提高社会的文明程度；另一方面则通过在全社会广泛开展经常性的社会文明运动来强化国民的文明意识，提高其道德修养水准。新加坡是世界上开展社会运动最多的国家，几乎每月、每周都有重要的社会文明活动，比如礼貌运动、敬老运动、防止犯罪运动、植树运动、节能运动、反对乱扔垃圾运动；华人文化月、马来文化月、印度文化月，国民意识周、敬老周、睦邻周等。这些旨在提高社会文明程度，维护社会稳定的活动在新加坡的社会发展过程产生了重要的积极作用。

在社会稳定的同时，新加坡人民的生活质量在亚洲乃至世界也处于较高水平。1997年，新加坡的通货膨胀率为2.0%，人均GNP达到3.42万新元（按现汇率约相当于22000美元），其他生活质量指标见表1-2。

表 1－2　新加坡生活质量指标变化情况

（每万人拥有）

时期（年）	1989	1990	1991	1992	1993	1994	1995	1996
医生（人）	13	13	14	14	14	15	15	15
私人轿车（辆）	885	916	945	953	1004	1050	1102	1149
公共汽车（辆）	34	35	34	34	34	35	36	36
出租汽车（辆）	40	45	46	48	48	50	55	55
电话（部）	2553	2584	2601	2652	2705	2785	2873	3048

资料来源：《新加坡 1997 年》。

1.2.2　经济状况

（1）经济发展概况。

作为一个岛屿城市国家，新加坡国土面积狭窄，自然资源贫乏，国内市场狭小，历史上经济长期依赖橡胶和锡的转口贸易，经济结构十分单一。60 年代自治和独立以后，新加坡政府着手推行工业化政策，力图改变单纯依赖转口贸易的畸形经济结构，在利用自然资源优势，继续发展海运和转口贸易业的同时，大力引进外国资金和技术，加强经济基础，实行经济结构多元化的发展战略。经过 30 多年的努力，新加坡的经济有了长足的发展，经济结构逐渐改善，成为东南亚乃至亚洲最发达的国家之一。

20 世纪 60 年代以来，新加坡的经济始终保持较高的增长速度，国民生产总值（GNP）的增长率 60 年代平均为 9.4%，70

年代为9%，80年代受世界经济萧条的影响有所减缓，90年代有较大回升，大部分年份达到10%以上，增长幅度最大的1994年达到16.8%。

1997年新加坡的主要经济指标为，国民生产总值（GNP）1468.9亿新元，比上年增长10.4%；人均国民生产总值3.93万新元，比上年增加0.36万新元；国内生产总值（GDP）1180.8亿新元，比上年增长7.84%；人均国内生产总值3.81万新元，比上年增加0.21万新元；外贸总额3822.2亿新元，比上年增长5.7%。其中，进口总额1966.1亿新元，出口总额1856.1亿新元，分别比上年增长6.2%和5.3%。失业率1.7%，通货膨胀率2.0%（见表1－3）。

表1－3 新加坡的主要经济指标

年度	国民生产总值（GNP）（按当前价格计算）			国内生产总值（GDP）（按1990年的价格计）			失业率%	通货膨胀率%
	总额（亿新元）	比上年增长%	人均（万新元）	总额（亿新元）	比上年增长%	人均（万新元）		
1987	431.4	7.3	1.56	509.0	9.7	1.99	4.0	0.5
1992	823.9	9.1	2.59	773.4	6.2	2.74	2.1	2.3
1993	935.0	13.5	2.87	853.9	10.4	2.97	2.0	2.3
1994	1091.6	16.8	3.25	943.7	10.5	3.22	1.9	3.1
1995	1218.9	11.7	3.52	1025.3	8.7	3.43	1.9	1.7
1996	1331.1	9.2	3.69	1095.7	6.9	3.60	2.1	1.4
1997	1468.9	10.4	3.93	1180.8	7.8	3.81	1.7	2.0

资料来源：《新加坡1997年》。

1960 年以来，新加坡国际收支平衡表的商品贸易账户几乎年年都是赤字，这说明新加坡国内商品市场对进口商品有很大的依赖性，这种状况是由其特殊的国情所决定的。但在进口总是大于出口的情况下，其国际收支却始终保持盈余，并有充裕的外汇储备。弥补商品账户逆差的渠道主要有两个，即服务账户的盈余和资本账户的外国资本净流入。新加坡国际收支平衡表中的服务账户始终保持盈余，这种盈余的服务性收入主要来自交通（港口、空运和海洋运输）通讯业和旅游业。由于新加坡实行对外国投资的开放、鼓励和相应的优惠政策，吸引了大量的外国资本以直接投资的形式流入新加坡，成为新加坡稳定的外汇收入来源，对其商品贸易收支逆差产生了积极的弥补作用，同时也促成新加坡国际收支长期稳定的盈余状态。1996 年，新加坡商品贸易逆差为 7 亿美元，服务项目顺差为 220 亿美元，抵消其他项目的赤字后外汇收支顺差为 100 亿美元，官方外汇储备达到 1078 亿美元。

（2）经济结构

新加坡的经济结构状况有一个历史的演变过程，这个过程实际上是其经济发展工业化和产业结构多元化战略的实施和实现过程。如前所述，20 世纪 60 年代以前，新加坡的经济主要依赖转口贸易和海洋运输，工业基础薄弱，经济结构单一。60 年代以后，新加坡开始了以工业化为核心，推动产业结构多元化的经济发展历程，经过多年的努力，国民经济结构有了明显的改善，目前，已经形成以制造业、金融业、建筑业、商业、运输通讯业等为支柱的多元经济结构（详见表 1－4）。

制造业在 60 年代到 80 年代得到了快速的发展，成为新加坡经济的主导产业。制造业在国民经济中的比重 1959 年自治时仅为 7.6%，1960 年为 11.7%，1970 年 20.2%，1980 年为 28.1%；

表 1-4 新加坡的经济结构变化情况

年	1960	1970	1980	1990	1992	1995	1996
GDP	100	100	100	100	100	100	100
制造业	11.7	20.2	28.1	27.2	27.9	25.0	24.4
贸易业	33.0	27.4	20.8	17.9	15.9	18.0	17.4
金融业	14.4	16.6	19.0	25.0	27.0	28.0	28.6
交通与通讯业	13.6	10.7	13.5	12.2	13.7	11.0	10.4
建筑业	3.6	6.9	6.2	5.2	7.9	6.7	7.4
农业	3.8	2.3	1.3	0.3	0.3	0.2	0.2
其他	19.9	15.3	11.1	12.2	7.3	11.0	11.6

资料来源：新加坡经济发展局。

80 年代中期制造业的增长速度有所减慢，1986 年其在国民经济中的比重下降为 20%，1996 年此比重又上升为 24.4%。快速发展的制造业为新加坡经济的快速增长创造了良好的基础条件，成为新加坡经济腾飞的主要推动力量。

新加坡制造业的发展始终伴随着其内部行业和产品结构的不断调整和优化。60 年代初，新加坡制造业不仅规模小，而且主要是一些食品加工，木材、橡胶和油脂加工，造纸、印刷，以及其他小手工加工业等低级行业。自治联邦成立以后，特别是新加坡共和国成立以后，制造业作为国民经济发展的先导性产业，其经历了从发展劳动密集型工业向发展资本和技术密集型工业，并使之成为制造业的主要生产方式的转变；其产品结构也经历了从主要生产一般的进口替代消费品以满足国内需要，到发展面向出口为主的中级工艺品，再到面向国际市场，着重发展高科技、高附加值产品的转变过程。90 年代以后，新加坡制造业的主要行业有电子电器业、石油化工业、船舶和钻井台修造业、冶金机械业等。其中石油化工业、电子电器业和船舶修理和制造业是新加坡制造业中的 3 大支柱，其产值占工业总产值的 80% 以上。

石油化工业中的炼油业是新加坡规模最大，现代化水平最高的产业之一，其炼油量占东南亚的一半以上，加工能力仅次于美国和荷兰，居世界第三位，1996 年，石油化工产品在工业产品中的份额为 15.8%。

电子产业是新加坡发展最快的产业，年均增长率在 20% 以上，其产值在工业产值中的份额 1970 年不足 10%，1980 年提高到 23.6%，1985 年达到 30.9%，1996 年占 53.0%（详见表 1－5)。新加坡的电子行业以生产消费性电子产品为主，80% 以上的产品出口，目前新加坡已成为东南亚地区最主要的电子产品生产中心，也是世界重要的电子工业基地。

表 1－5　新加坡制造工业内部结构变化情况

（以工业制造业增加值为 100）

时期（年）	1970	1975	1980	1984	1995	1996
电子电器产品	11.3	13.7	23.6	30.9	54.0	55.8
石油产品	18.6	17.5	17.1	8.6	9.4	10.0
化工产品	5.5	6.4	6.8	10.1	6.1	5.8
机器设备	2.8	11.3	10.7	9.5	5.2	5.4
金属制造产品	6.4	4.9	4.9	6.8	5.6	5.0
交通设备	14.1	18.0	12.4	9.1	4.6	3.9

资料来源：联合国《工业统计年鉴》1975 年、1984 年、1996 年。

由于特殊的地理位置，新加坡的船舶修造业在国民经济中也有重要的地位，目前共有大小造船厂 60 多家，能修理各种类型的船舶，制造几十万吨级的运油船，成为苏伊士运河以东、日本以南的最大船舶修造基地。70 年代以后，随着海上石油开发的兴起，新加坡的部分造船厂改为建造钻井平台，目前已成为世界 3 大钻井平台制造基地之一，其钻井平台产量大约为世界产量的 20%。

新加坡十分重视金融业的发展，60 年代以后，由于国际贸易的发展和亚洲太平洋地区经济振兴对国际金融服务需求的急剧增加，新加坡借助于其优越的地理位置，采取对外国银行的开放政策，取消外汇管制，放宽金融限制，实行税收优惠等措施，吸引外国金融机构到新加坡开设分支机构并创办各种银行和其他金融机构，极大地推动了新加坡金融业的发展。70 年代，新加坡的经济增长率平均在 7%左右，金融业却保持了 10%的增长率，80 年代以来，金融业更以平均近 20%的比率增长，成为新加坡经济中发展速度最快的产业。1996 年，新加坡共有商业银行 149 家（其中 80%以上是外国银行），其他金融机构 60 多家，金融业产值占国民生产总值的比重也从 1960 年的 14.4，1970 年的 16.6%，1980 年的 19%，增加到 1996 年的 28.6%，成为新加坡国民经济中比重最大的行业。随着金融业的迅速发展，新加坡也成为世界重要的国际金融中心和亚洲最主要的金融市场。

贸易业是新加坡的传统产业，60 年代，贸易在国民生产总值中的比重高达 30%以上，居第一位，随着工业化政策的推行和多元化产业结构的形成，新加坡的贸易业尽管也保持了较快的增长速度，但其在 GDP 中的比重却从 1960 年的 33%，1970 年的 27.4%，1980 年的 20.8%，1990 年的 17.9%下降为 1996 年的 17.4%。由于国内市场狭小，新加坡的贸易主要是对外贸易。1996 年，新加坡的对外贸易额达到 3614.55 亿新元，其中出口额为 1762.72 亿新元，占 44.8%，进口额为 1851.83 新元，占 56%，外贸总额为国内生产总值的近两倍，比 1960 年的 75.55 亿新元增加了近 47 倍（资料来源，Singapore Facts and Pictures 1997）。随着国内经济的快速发展和经济结构的变化，新加坡对外贸易的产品结构也发生了深刻的变化。建国初期，新加坡外贸主要是转口贸易，本国产品直接出口很少。1960 年，本国产品直接出口数仅为 4.76 亿新元，占出口总额的 6.3%，通过大力发展以出口为主的制造业，新加坡国内的产品制造能力大大加强，本国产品直接出口的比率也迅速提高，1996年，新加坡的出口总额为1762亿新元，其中国内产品出口为1040亿新元，占出口总额中的比率为59.2%，比1960年增加了53个百分点。在直接贸易迅速增加，转口贸易不断减少的同时，新加坡出口产品结构也在发生变化，即从过去主要出口橡胶、皮革、纺织、服装、食品等劳动密集型的低级产品，向出口电子产品等技术密集型的高附加值产品转化，目前，新加坡出口产品的50%以上是电子产品。新加坡的贸易对象有100多个国家和地区，但主要的贸易伙伴则是美国、马来西亚、日本、香港、泰国、台湾等国家和地区（详见表1-6）。

表1-6　1996年新加坡的主要外贸伙伴及贸易情况

出口			进口		
国家	贸易额（百万美元）	占贸易总额的%	国家	贸易额（百万美元）	占贸易总额的%
美国	23012	18.4	日本	23842	18.2
马来西亚	22513	18.0	美国	21458	16.3
香港	11126	8.9	马来西亚	19722	15.0
日本	10252	8.2	泰国	7175	5.5
泰国	7097	5.7	台湾	5263	4.0
台湾	4872	3.9	沙特阿拉伯	4994	3.8
德国	3839	3.1	德国	4794	3.7
韩国	3796	3.0	韩国	4512	3.4
英国	3535	2.8	中国	4439	3.4
中国	3393	2.7	香港	4200	3.2
其他	31581	25.3	其他	30937	23.6
总额	125016	100	总额	131336	100

资料来源：http://www.offshorebanking.barclays.com/.

建国以后，新加坡政府制定了建屋发展计划和城市重建计划，着手解决居民住房紧张和城市建设问题，并由此推动了建筑业的逐渐发展。进入70年代，为了刺激经济，新加坡政府加大了对建筑业的投资，在整个70年代，新加坡建筑业的产值以年均20%的速度增长；80年代初期，新加坡经济面临衰退，修屋建房、建设城市，发展建筑业成为新加坡反萧条的主要措施，故建筑业在经济增长幅度下降的同时，却保持着良好的增长势头，80年代中期，经济的颓势导致建筑业需求不足，建筑业有所下降；90年代以后，随着经济形势的逐渐好转，私人投资项目和公共部门建设投资都进一步增加，促进了建筑业的进一步发展，成为新加坡重要的产业部门之一。1996年，新加坡建筑业的增长速度为18%，其产值占国内生产总值中的比重为7.4%。

为了促进经济发展和对外贸易，新加坡政府十分重视交通与通讯业的发展，形成了陆运、海运、空运共同发展的立体交通网络和高度发达的通讯系统。经过多年的建设和发展，新加坡已经拥有现代化的公路交通运输系统，拥有亚洲最大的国家机场——漳宜机场，成为世界重要的海运枢纽。1996年，新加坡交通与通讯业的产值达到133亿新元，占国内生产总值的10.4%，在产值排序中仅次于金融业、制造业、贸易业而位居第四。

新加坡旅游资源丰富，1964年新加坡旅游促进局成立，加快了旅游业的发展速度。1965年到新加坡旅游的人数不足10万人次，1966年为12.8万人次，1974年为108.7万人次，1978年为204.7万人次，1989年为483万人次，1993年为642.6万人次。1996年，境外旅游人数增加为1114.6万人次；旅游收入也从1989年的64.49新元增加为111.45新元（见《新加坡经济概况》1996年）。

作为一个城市国家，新加坡的农业在国民经济中所占比重很小，特别是在工业化政策推行以后，大量的土地被用于兴建基础设施、工商活动场所和住宅等，使农业用地大面积减少。1969年，新加坡的农业用地面积为1.43万公顷，占国土面积的26.3，1996年这一比率下降为2%左右。新加坡的农业主要是养殖业，目前农业产值在国民生产总值中的比重仅为0.2%左右，粮食全部依靠进口，禽蛋可以自供，肉类自供80%左右，蔬菜自给率仅为10%（资料来源同上）。

（3）利用外资和对外投资情况

新加坡的经济建设在短短30多年的时间里能取得如此显著的成就，很大程度要归因于其富有成效的利用外资政策。1959年新加坡自治邦成立后，面临着经济发展与国内积累能力不足的矛盾，新加坡政府选择了对外开放，吸引外国直接投资，引进外国资本和先进技术发展本国经济的战略，并取得很大成功。在1959年颁布的“新兴工业法令”和“工业拓展法令”中，明确了对外国投资者的税收减除优惠和在进口关税上给予照顾的规定。在1961年的“经济发展法案”中，又再次宣布欢迎外国投资者到新加坡投资。1965年新加坡共和国建立之后，新加坡政府确定并实施了面向出口，重点发展制造业的产业发展政策，并通过兴建工业和社会基础设施改善投资环境，采取优惠税收政策和放松金融外汇管制，简化外国投资准入制度，提高服务质量等措施来为外国资本的流入创造最有利的条件。在这些措施的推动下，特别是60年代后期新加坡政治局势稳定之后，新加坡引进外资的速度加快，呈逐年增长态势。以外国投资最多的制造业为例，1965年新加坡制造业的外国投资额仅为1.57亿新元，1989年为196.8亿新元，1996年达到348.82亿新元，比1965年增加了220多倍，占该部门当年净投资总额的70%左右。新加坡工业企业中外资企业（包括独资和合资企业）的比例达到80%以上；出口商品也有80%以上是外资企业的产品（资料来源：新加坡经济发展局）。

从目前新加坡外国投资的来源结构看，所占份额较大的国家主要有美国、日本、英国和荷兰。其中美国投资总额最大，约为外国投资总额的30%。美国投资的特点是项目不多，但规模较大，且主要投资于资本与技术密集型工业，目前主要集中在电子工业和石油化工业。从投资方式来看，主要是单独投资，且以跨国公司为多；其产品主要销往发达国家。日本投资在新加坡外资总额中仅次于美国居第二位，其特点是项目较多但单项投资规模较小，投资方式大部分是合资经营，投资方向主要在电子业、纺织业和船舶制造业。由于特殊的历史原因，英国是在新加坡投资最早的国家，70年代以前，英国投资在外国投资总额中一直居第一位，之后有较大幅度的下降，目前在美国、日本之后居第三位。英国投资主要集中在商业和金融业，工业投资主要集中在炼油业。在新加坡外国投资中，荷兰投资居第四位，其主要集中在炼油业和电子电器业。

大量外国资本的流入，带动了新加坡产业结构的优化调整和工业产品的升级换代，促进了对外贸易的发展，在新加坡产业结构多元化的进程中发挥了十分重要的作用，成为新加坡经济发展的主要推动力量。

进入90年代，随着新加坡经济的快速发展，工业化进程不断走向成熟，国内资本积累到了相当的程度，具有了向外投资的必要和能力。

1995年由新加坡政府经济发展局安排的对外投资由1994年的217项增加到381项。其中，有250项是制造业的投资，占投资项目总数的66%。

从投资额的结构来看，新加坡海外投资主要集中在金融业，1995 年底，其投资额为海外投资总额的 50%，以下依次为制造业（投资额的比重为 25%），商业和房地产业（分别为 10% 和 7%）。

从新加坡对外投资的区域分布来看，马来西亚是其最重要的投资地区，1995 年对马来西亚的投资占总投资的比重为 21%，以后依次为香港（投资比重为 14%），印度尼西亚（投资比重为 9%），美国（7%）和中国（6%）。

1.3 政治与政府

1.3.1 政治体制

新加坡实行议会共和政治体制。议会是国家的最高权力机构和立法机构，负责国家立法和内阁任命等重大事项；内阁负责制定国家政策，主管国家的行政事务。议会和内阁之间在人员上实行议行合一制，即内阁成员必须由议员担任，内阁直接向议会负责。在议会中，出任内阁成员的议员称前座议员，未出任内阁成员的议员称后座议员，前座议员在立法过程中发挥重要作用，后座议员则主要在咨询和质询中发挥作用。

新加坡实行一党为主的政治体制，执政的人民行动党在政治生活中有其他政党无法比拟的政治地位和政治力量，是新加坡政治结构的主体。这种一党为主的体制与传统意义上的一党制有着实质性的区别。在一党为主的体制下，各政党都有参加竞选的权利，执政党的执政地位是通过大选在竞争中获得议会的多数席位来实现，而不是靠非选举的垄断方式取得的。

新加坡的政治体制还是一种相对集中的体制。这种体制的显著特点是有一个体系完善的社会控制系统，在这个系统中，由少数人作出决策，然后通过这个系统将人民有效地组织和动员起来，贯彻国家的有关政策，达到政府管理社会的目标。执政的人民行动党是新加坡社会控制体系的领导核心，它通过建立市民评议委员会，人民协会，运营委员会、居民委员会等基层组织来及时了解和掌握社会各阶层的情况，疏通执政党与民众的联系渠道，维护其政治权力。

1.3.2 大 选

新加坡议会实行一院制，议会一般每 5 年进行一次大选，但总统可以根据需要随时解散议会，并在 3 个月内举行大选。竞选议员者必须是年满 21 岁以上，承认和拥护新加坡宪法的新加坡公民；21 岁以上的新加坡公民都有选举权，选举的全过程在 3 个月内完成。自 1959 年新加坡第一次议会选举以来，已进行了 9 届议会的选举。

1965 年新加坡共和国成立前，曾经举行过 3 次立法议会的选举。第一次选举是在 1954 年 4 月进行的，当时有 7 个党派的 69 名候选人和 10 名无党派人士竞选 25 个席位，结果劳工阵线得票率最高，为 27.06%，其次为进步党和民主党，其得票率分别为 24.8%和 20.6%；人民行动党提出 4 人参加竞选，得票率为 8.7%。第二次和第三次立法议会的选举分别在 1959 年 5 月和 1963 年 9 月进行，在第二次大选中，人民行动党的得票率达到 54.08%，在 51 个议席中获得 43 席，从而击败了执政的劳工阵线，开始了其近 40 年的一党执政历程。新加坡议会的第一次选举是在共和国成立后的 1968 年 4 月 13 日举行的，当时人民党行动以绝对优势囊括了议会全部的 58 个席位，在以后的大选中，该党又连续 4 届赢得议会的全部席位，巩固了其在新加坡政治生活中的统治地位。目前，新加坡已举行了9届议会的选举，人民行动党继续保持其执政地位（详见表1－7）。

表1－7　　1955年以来新加坡的选举结果

	时间	当选政党	议会总席位	当选席位	得票率%
立法议会选举	1955年4月2日	劳工阵线	25	10	27.06
	1959年5月30日	人民行动党	51	43	54.08
	1963年9月21日	人民行动党	51	37	46.93
议会选举	1968年4月13日	人民行动党	58	58	86.72
	1972年9月2日	人民行动党	65	65	70.43
	1976年12月23日	人民行动党	69	69	74.09
	1980年12月23日	人民行动党	75	75	77.66
	1984年12月22日	人民行动党	79	77	64.83
	1988年9月3日	人民行动党	81	80	63.17
	1991年8月31日	人民行动党	81	77	60.97
	1994年	人民行动党	81	—	—
	1997年1月2日	人民行动党	83	81	64.98

资料来源：《新加坡1997年》。

1.3.3 总　统

新加坡总统是新加坡共和国的元首。1991年以前，新加坡总统由议会选举产生，任期4年，1991年11月修订后的新加坡共和国宪法对此作了重大修改，规定新加坡共和国总统必须由民众选举产生（即所谓民选总统），任期6年。第一届民选总统王鼎昌于1993年9月2日正式任职至今。过去，议会推举的总统只拥有象征国家的称号，没有具体的行政权力和责任；1991年实行民选总统制度之后，尽管国家的行政权力仍主要归属于内阁总理，但宪法也赋予总统对一些国家重大事务（如内阁成员任免）的否决权。

1.3.4 内 阁

内阁是新加坡国家的最高行政组织，掌握国家的最高行政权力，它负责制定和组织实施政府的内外政策，管理政府日常事务，在重大事务上直接对议会负责。内阁成员包括内阁总理和各部部长。在新加坡，内阁成员必须由议员担任。总理是内阁的最高行政长官，内阁在总理的领导下工作，他负国家的实际行政责任；内阁总理由总统任命议会多数党领袖担任，总统根据总理的提名在议员中任命各部部长。

1.3.5 政 党

尽管新加坡实行相对集中的政治体制和一党为主的政党体系，但其政治环境仍然是比较宽松的。在新加坡，有组织和成立政党的自由，到 1996 年，正式登记注册的政党已有 23 个。这些政党可以有自己的政治主张和行动纲领，各政党都可以参加竞选。

新加坡执政的人民行动党（PAP）成立于 1954 年 11 月 21 日，1961 年 2 月 18 日正式登记注册，从 1959 年大选获胜以来执政至今。在 1997 年 1 月进行的第 9 届议会大选中，人民行动党获得 83 个供选举席位中的 81 席（其他两席被新加坡工人党和新加坡人民党获得），从而以绝对优势继续控制议会中的多数席位，继续履行其作为执政党的使命。除人民行动党外，在新加坡影响较大的政党主要有进步党、民主党、劳工党、人民联盟、劳工阵线、联合民族阵线等。

表 1-8　新加坡主要政党及其注册时间（1996 年）

政党名称	注册时间	政党名称	注册时间
新加坡华人党	1950 年 9 月 26 日	人民阵线	1971 年 5 月 21 日
工人党	1961 年 1 月 30 日	新加坡正义党	1972 年 8 月 10 日
人民行动党	1961 年 2 月 18 日	民主进步党	1973 年 3 月 16 日
人民联盟	1961 年 7 月 14 日	人民共和党	1973 年 8 月 30 日
联合民主党	1962 年 6 月 18 日	联合人民阵线	1975 年 3 月 20 日
新加坡印度人协会	1962 年 8 月 1 日	新加坡民主党	1980 年 9 月 8 日
新加坡同盟党	1966 年 2 月 17 日	民族团结党	1987 年 3 月 6 日
联合民族阵线	1970 年 6 月 3 日	新加坡民族阵线	1991 年 8 月 15 日
新加坡民族党	1971 年 2 月 26 日	新加坡人民党	1994 年 11 月 2 日

资料来源：Singapore Facts and Pictures 1997.

1.3.6 法　律

由于 19 世纪英国的殖民统治，新加坡法律制度在立法思想、推理风格、研究方法，以及法制结构、法规分类、法律程序等方面都与英国的法律制度有着极度的相似之处。新加坡法律制度除了沿袭英国法律之外，在刑事法典、证据法案和刑事诉讼程序方面则更多地是沿袭了 19 世纪的印度法律；其公司法在很大程度上也更接近澳大利亚模式。1992 年以来，新加坡对法律体系进行了一系列的调整和改革，从而使新加坡的法律更适应社会现实的要求，提高法律过程的效率。

新加坡的法律由宪法、法规和辅助法规组成。宪法是新加坡国家的根本大法，它规定了新加坡国家制度的基本原则和结构，同时也规定了公民的权利和义务。任何新加坡法规，如果有与宪法相抵触的内容，都要按照宪法规范进行修改。

新加坡宪法最早来自 3 个基本文献：一是新加坡作为马来亚

联邦组成部分时的《新加坡宪法》，二是1965年新加坡共和国成立时制定的《新加坡共和国独立法案》，三是《马来西亚宪法》中适用于新加坡的部分。

新加坡宪法规定了新加坡国家3大部门的组织设置，即国家机构分为立法机构、政府行政机构和司法机构。为了维护新加坡的主权，新加坡宪法规定，新加坡共和国无论是与其他主权国家合并还是联盟，都不得转让主权。同时也规定，任何时候都不能放弃政府对新加坡警察部队和武装部队的控制。在与其他主权国家的经济合作方面，新加坡宪法鼓励一切有利于国家经济利益，促进国家经济发展的经济合作活动。

1.4 财政的基本情况

新加坡是一个城市国家，其国家财政也具有城市财政的特征。首先由于新加坡政权结构层次单一，故其财政管理层次也比较单一，不存在分级财政管理的条件，也没有中央政府与地方政府之间复杂的财政关系；其次，新加坡财政管理的范围比较宽泛，从机构设置上看，除政府公共财务活动属于财政部门管理外，政府的金融管理、邮政储蓄管理部门都下属财政部。再次，新加坡是市场经济国家，其政府的财政支出主要用于国家安全、城市公共设施和基础设施，发展科技、文化、教育等方面；第四，新加坡政府的财政收入主要来源于税收，非税收入在财政收入中比重较小。此外，由于新加坡实行盈余财政政策，政府预算收支多年保持盈余，故其国家债务很少，发行国债的目的也不是为了弥补财政赤字，而主要是为吸收大量的中央公积金结余投资和作为公开市场操作的金融工具在调节经济中发挥作用。

第 2 章　新加坡的政府与财政职能

2.1　国家与政府机构

2.1.1　立法机构

新加坡仿效英国的议会共和制，实行立法、司法、行政三权分离的体制，议会是新加坡的最高权力机构，也是其主要的立法机构。第 9 届议会是在 1997 年 1 月经选举产生的，它由 1 名非选举产生的议员（NCMP）和 83 名选举产生的议员组成。在 83 名选举产生的议员中，有 9 人为独立身份的人士，74 人为社会团体的代表，他们中有马来人、印度人和其他少数民族的代表。非选举议员是在议会特别选举委员会的推荐下，由总统指定任命的，任期为 2 年，他必须是在社会事务中有突出表现，在社会公众中享有很高威望的著名人士，或者是在文化艺术、科学技术、商业实业、教育卫生、公共服务等领域成绩卓著的人士。在第 9 届议会的 83 个供选举的议席中，执政的人民行动党拥有 81 席位。

作为国家的立法机构和最高权力机关，新加坡议会在国家的社会经济生活中发挥着重要的作用。它通过立法和对政府行政行为的监督来对国家的社会经济发展进行调节和控制，并为国家的发展规定目标和方向。在新加坡，国家的法律必须经由议会制定，有关社会经济发展的重大方针政策和发展计划必须经过议会的审查和批准后方能付诸实施，议会可以对社会经济中的重大问题举行听证会，并向政府有关部门提出质询，以对社会经济生活产生影响。

在新加坡，除了重大法律的立法权集中在议会外，内阁及其他管理机关也有在相关母法的范围内制定某些有特定目的的规则和制度的权利。

2.1.2 司法机构

新加坡的司法权由最高法院和下级法院拥有。新加坡的宪法规定，司法部门在执法过程中可以完全独立于立法部门和政府行政部门，不受上述部门的干扰，这样有利于保证执法过程中的客观性和公正性。

新加坡的司法部门包括两个层次，即最高法院和下级法院。

最高法院（The Supreme Court）由高级法院和上诉法庭组成。上诉法庭有首席法官和两名上诉法官。首席法官和最高法院的其他法官由总统根据总理的提名任命，总理对其他法官的提名要事先征求首席法官的意见。高级法庭在民事和刑事案件中有不受限制的初审权，刑事案件的死刑必须由高级法庭审判。上诉法庭是新加坡的终审法庭，它主要受理来自下级法院的民事和刑事上诉。

新加坡最高法院有包括首席法官在内的14名法官，数名被委任来协助法官进行法律调查的司法办事员（Justices' Law Clerk），1名登记员，1名副登记员，两名高级助理登记员，11名助理登记员。为了“便利最高法院的业务处理”，根据新加坡宪法设置了司法专员一职。司法专员由总统在认为必要的时期任命，他享有最高法院法官所具有的司法权和豁免权，目前新加坡共有5名司法专员。

下级法院（The Subordinate Courts）由地区法院、治安推事法庭（Magistrates’Court）、青少年法庭、法医法庭和小额索赔特种法庭组成。其仲裁员由总统根据首席法官的提名任命。地区法庭和治安推事法庭拥有部分刑事和民事案件的初审权。其中，地区法庭可以审理那些监禁期不超过10年的刑事案件和涉及金额不超过10万新元的民事案件；治安推事法庭则有权审理那些监禁期不超过3年，涉及金额不超过3万新元的犯罪案件。地区法庭和治安推事法庭还为高级法庭的审判做一些调查取证工作，以利于最高法院的审理工作。法医法庭负责调查突然死亡、非自然死亡、暴力死亡和其他不正常死亡的原因，为案件审理提供技术资料。小额索赔特种法庭负责审理由于货物销售或服务合同纠纷引起的索赔，其案件索赔金额一般不超过5000新元，在当事人同意的情况下，索赔金额可增加到10000元。

为了突出对青少年犯罪的处理，新加坡设立了一个专门的青少年法庭。该法庭负责审理14岁以下的“儿童”和14—16岁之间的“少年”的犯罪案件。

2.1.3　行政机构和法定机构

行政机构和法定机构（Statutory Boards）共同构成新加坡政府的公共行政管理体系。

行政机构是指直接承担政府行政管理职能的机构，它由政府各部及各部下属的行政管理部门构成。

法定机构是在议会特定立法下设置的担负特定职能的政府机构。它是一种形式上隶属于政府各部，但又相对独立的半官方管理部门。新加坡政府的法定机构一般都具有政府行政和公共企业双重职能，它们在履行职能的过程中有较大的灵活性、独立性和自主权。在新加坡，除国防部、外交部、律政部、环境保护部外，其他各部都设有法定机构，这些法定机构的领导人选由政府确定，它通过政府内阁部长向议会负责。

在行使行政职能方面，行政部门和法定机构各有其侧重点，一般而言，政府行政部门主要侧重于制定重大政策和长远规划，处理政府有关日常行政事务；法定机构则侧重于在法律规定的领域里具体实施政府的政策和有关计划。

20世纪70年代以前，新加坡政府部门数量较少，只有外交部、卫生部、财政部、教育部、劳工部、法律和国家发展部、国防和内务部、文化和社会事务部等8个部。随着社会经济形势发展的需要，目前除总理公署外行政机构已经增加到了14个部，它们是外交部、国防部、内务部、卫生部、教育部、律政部、信息与艺术部、社区发展部、国家发展部、人力资源部、贸工部、环境保护部、交通和通信部和财政部。

总理公署（The Prime Minister's Office－POF），是负责处理内阁日常事务的行政机构。它的职责范围主要包括，处理内阁的日常事务，负责国旗、国歌的选定；负责选举的组织、宣传和监督；制定政府公务员的人事政策和公务员管理，调查公务员的贪污案件等。总理公署下设选举监督部门、贪污调查部门和公务员管理部门等。

外交部（Ministry Of Foreign Affairs－MFA），是负责国家的对外交往和处理有关国际事务的行政机构。主要职责包括：巩固和发展新加坡在国际和地区间的友好睦邻关系，增进世界和平，促进国家的经济繁荣，维护新加坡的国家利益。外交部下设政策计划研究、国际经济管理、领事管理、对外协议管理、技术合作管理、公共事务管理、行政管理等12个行政管理部门。

国防部（Ministry Of Defence），是负责国家安全防卫的机构。其主要职责是：制定新加坡国防方针和政策，负责新加坡国家安全防卫，维护国家安全和领土完整，管理新加坡军队，战争期间负责军队的组织、调动和作战指挥。国防部下设国防政策、国防管理、国防技术等行政管理部门和新加坡陆、海、空三军。

内务部（Ministry OF Home Affairs - MHA），是管理国家内部安全事务的行政机构。其职责主要是：担负国内防卫，维护国内安全和正常的社会秩序，防止和打击各种犯罪行为；承担国内公路交通的管制，保护公民的交通安全；承担火灾的救护任务和罪犯的改造和管制工作；强制实施维护社会治安和规范公民社会行为的法律、法规，打击吸毒、贩毒活动；管理新加坡永久性居民，负责国内居民身份的注册登记工作等。内务部下设国家安全、外国移民移居入境管理、国内安全防务、武装警察部队等行政管理部门和工商业安全机构等两个法定机构。

律政部（Ministry Of Law），是管理国家法律事务的政府行政机构。其职责主要是：处理国家的法律事务和法律关系；负责国家荣誉奖励的审查和登记工作；受理法律诉状；进行专利和商标管理；发放民间典当业和金融业的营业执照；进行法律援助；进行国土资料统计和承担少年法庭的顾问工作。律政部下设上诉机构、电子信息管理部门、国土办公室、法律援助、官方代理人和公众受托人管理机构、商标和专利权登记部门等13个行政管理机构。

卫生部（Ministry Of Health），是管理医疗卫生事务的国家行政机构。其职责主要包括：提供疾病预防、治疗、康复等医疗保健服务；制定公众和个人的健康计划和发展规划，促进公共健康事业和个人健康服务事业的共同发展；代表政府管理医疗卫生机构，负责从医人员的登记注册和培训；制定和协调国家的医疗卫生政策，组织实施计划生育和控制人口政策。与环境保护部合作，维护环境卫生，杜绝传染病的流行；与人力资源部合作，致力于提高工人的健康水平。卫生部下设政策和社团管理部门、职业服务部门（包括基本健康服务部门；体检服务部门；援助性服务部门和中老年健康服务部门）等行政管理部门和新加坡医生评议委员会，护士管理机构，牙医管理机构等四个法定机构。

教育部（Ministry Of Education），是管理国家教育事业的行政机构。其职责主要有：制定和实施政府的教育政策；管理政府办学和政府协助办学的各类学校；监督教育法定机构的运作。教育部下设社团服务、人员培训和管理、计划、高等教育管理、公共事务管理、学校管理、教学计划和发展、教育服务、研究测试、教育技术、新加坡课程发展学会等 12 个行政管理机构和新加坡国立大学、南洋理工大学、南洋技术大学、新加坡科学中心、东南亚研究院等 9 个法定机构。

新闻与艺术部（Ministry Of Information And The Arts），是管理国家意识形态的行政部门。其职责主要是：将新加坡发展和建设成信息和艺术中心，实现新加坡成为世界中心城市这一国家目标，并将新加坡发展成一个有经济动力和文化氛围的社会。信息艺术部下设影片审查部门和国家艺术会议、国家图书馆、国家博物馆、新加坡广播局等 5 个法定机构。

社区发展部（Ministry Of Community Development－MCD），是政府与社会各阶层进行广泛联系的行政管理部门。其主要职责是：动员广大民众积极关心和参与政府的各项社会事业，形成富有凝聚力、充满爱心的、健康的社会氛围，规划和改进政府的有关政策和计划，以维护社会稳定，为贫困者及其家庭提供援助，建立社区联系，搜集社会对国家政策的反映，并将有关信息反馈到有关部门，形成政府与社会之间的联系网络。社区发展部下设社团登记部门、共同利益组织登记部门、婚姻登记部门等管理部门和人民协会、国家社会服务委员会、新加坡运动委员会等 4 个法定组织。

人力资源部（Ministry Of Labour），1998年4月由原新加坡政府劳工部改名成立，是新加坡管理劳动用工的政府行政部门。其主要职责是：建立稳定和谐的劳工关系，保障劳工的安全、健康和福利，制定和实施外国劳工政策等。劳工部下设电子信息管理部门、工业健康局、工业安全局、职业服务处、劳动检查处、劳工关系处、调查统计署、从业执照管理署等行政管理部门，以及产业仲裁法庭（Industrial Arbitration Court）等两个法定机构。

国家发展部（Ministry Of National Development－MND），是负责制定和组织实施新加坡国家发展计划的政府行政管理部门。其主要职责是，负责新加坡城市规划和发展；制定土地使用计划和国家发展规划；管理公共工程和公屋建设；负责公园、娱乐设施等公共设施的建设；负责管理农副产品等的进出口；管理公共财产；负责城市房地产和建筑业的开发研究和资料信息的统计工作。国家发展部下设电子信息管理、主要产品管理、公共建设工程管理等行政管理部门和建筑师协会、建筑企业发展局、国家园林局、建屋发展局、职业工程师协会、房租补偿金局、城市发展局等8个法定机构。

贸工部（Ministry Of trade And Industry－MTI），是新加坡政府最重要的经济管理部门。其职责主要是：制定国家经济发展的总体规划和人力资源发展战略；制定、实施和分析国家的经济计划、经济政策及其实施效果；管理工业、贸易、旅游、能源等部门，负责组织有关部门的职工培训；通过发展工业经济，促进商品流通来增加国家的财富，促进整个社会经济的发展。贸工部下设统计署、电子信息服务部、计量办公室等行政管理部门和经济发展局、公用事业局、国家科学与技术局、新加坡旅游促进局、裕廊镇管理局、圣淘沙发展局、贸易发展局、新加坡生产率局等10个法定机构。

环境部（Ministry Of Environment），是负责环境和生态保护的政府行政管理部门。其主要职责是：负责环境保护和生态改良；控制环境污染，促进生态平衡；管制食品卫生，防止食物污染；向社会提供环境保护和公共卫生方面的服务，进行环境卫生方面的教育。环境保护部下设组织服务部、环境工程管理局、环境政策局、公共环境卫生局等行政管理部门。

交通和通信部（Ministry Of Communication），是管理新加坡交通运输和通信事业的行政部门。其主要职责是：规划和发展新加坡的交通运输和通信事业，促使新加坡的运输和通信服务达到世界一流水平，负责形成和完善新加坡海、陆、空交通体系，将新加坡建成世界国际通信中心、国际海事中心和国际航空中心，以提高新加坡人民的生活质量，增强经济竞争能力。交通通信部设有气象服务局等行政管理部门和新加坡民航局、新加坡港务局、新加坡陆路运输局、新加坡电信局、新加坡公共运输委员会等6个法定机构。

财政部（Ministry Of Finance），是管理新加坡政府财政和金融事务的行政机构。其主要职责是：制定政府的预算政策，编制和组织实施政府年度预算，管理和控制政府财政支出，制定税收政策，负责税收征收管理，管理政府资产和债务，管理金融活动，负责协调国际和地区间的财政、税收和金融事务。财政部下设预算署和税务署等行政管理部门和金融管理局等6个法定机构。

2.2　新加坡财政管理的机构体系

新加坡是一个政权结构单一的城市国家，国家财政实行单一层次机构，没有地方财政部门，财政部负责管理全国的财政事务，财政部的机构设置如图2-1所示：

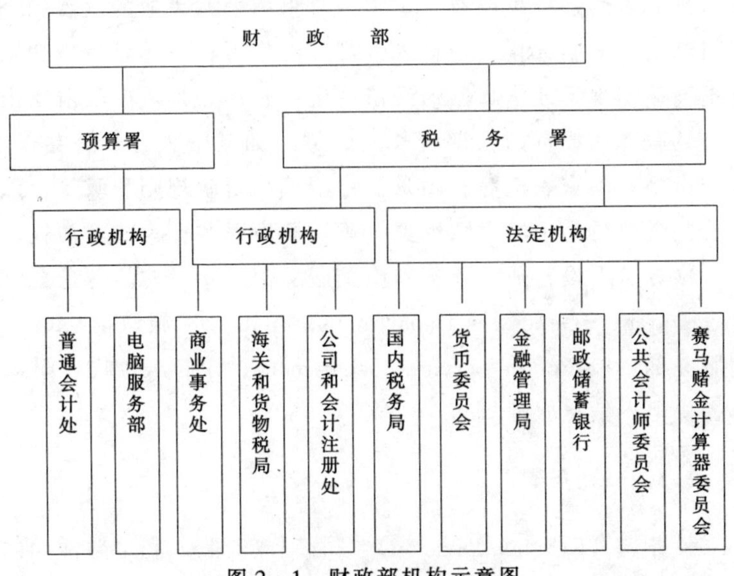

图2-1　财政部机构示意图

从图2-1中可以看出，新加坡国家财政部下设预算署和税务署两个行政管理部门和新加坡货币委员会、新加坡金融管理局、新加坡邮政储蓄银行、新加坡国内税务局、新加坡储金局、公共会计委员会（Public Accountants Board; PAB）等6个法定机构，其中6个法定机构都隶属于税务署。

2.2.1 预算署

预算署（Budget Division）是新加坡财政部下属的行政管理部门，它主要负责制定政府的预算政策，编制和组织实施政府年度预算，管理和控制政府的预算开支，进行政府会计核算，负责政府财政信息的采集、管理和发布，监督和评估公共部门的费用成本和财政绩效。

预算署的任务主要有4个：一是保持公共事业的发展和公共部门结构的不断优化，推动私人部门的发展；二是维持中长期预算平衡，实现无通货膨胀的经济稳定增长；三是集中政府支出用于公共服务和投资回报期较长的领域，如基础教育、公共保健、基础设施和国家安全等；四是制定明确的财政规则和政策，以监察公共财政行为中的腐败现象，确保政府财政行为的廉洁性。

预算署下设普通会计部和电脑服务部两个机构。普通会计部（Accountant - General's Department；AGD）实施政府会计；电脑服务部（Computer Services Department；CSD）为政府财政工作提供电子信息服务。

2.2.2 税务署

税务署（Revenue Division）是管理政府收入和金融活动的部门，其职责主要是，制定政府的收入政策并组织实施；征取政府税收，管理政府的资产和债务；负责政府担保业务；参与和监督银行、货币流通、保险、证券等金融活动；管理公司和企业注册；与国际货币基金组织、世界银行及亚洲开发银行密切联系，联络和协调国际和地区间财政、金融关系。新加坡税务署下设行政机构和法定机构。

（1）行政机构

税务署的行政机构有 3 个，即商业事务部、海关和货物税处、公司和企业注册处。

商业事务处（Commercial Affairs Department；CAD），建立于 1984 年，是下属于财政部税务署的行政管理部门。商业事务部负责商业和金融欺诈和其他经济犯罪行为的调查取证和依法起诉工作，其设立的目的是维护财政金融的正常秩序，控制新加坡的财政经济犯罪行为，保护投资者、政府和纳税人的合法权益。商业事务部内有两个具体办事机构，一是条法机构，二是执行机构。条法机构主要从事公众的代理人和法律顾问工作，负责指导当事人起诉，为当事人提供有关财税方面的法律指导，并为当事人谋求合法利益；执行机构由部门行政首长提名多位高级主管组成，包括主管会计师、高级律师、高级经济师等。

海关和货物税局（Customs and Excise Department；CED），是新加坡政府管理进出口商品关税和消费税的部门。其职责主要是负责征收进出口商品的商品服务税以及关税和消费税，保护国家的税收利益不受侵犯；协助国家有关部门和法定机构阻止和打击走私、贩私，及其他违法活动。

公司和企业注册处（Registry of Companies and Businesses；RCB），是新加坡政府为公司和有关企业提供注册服务的行政管理机构，下属于财政部的税务署。其职责主要是为公司和企业注册提供迅速、有效的服务；及时、准确地为公众提供公司和企业注册的有关信息；对不按照法律规定进行注册的企业经营者进行处罚。

（2）法定机构。

税务署下设的法定机构有金融管理局、新加坡货币委员会、新加坡国内税务局、新加坡邮政储蓄银行、新加坡赛马赌金计算器委员会、新加坡公共会计委员会等。

新加坡金融管理局（Monetary Authority of Singapore; MAS）设立于1971年，由于新加坡没有设置中央银行，在经济管理中，金融管理局履行中央银行的主要职能（发行货币和外汇储备除外），它主要负责制定政府的金融和货币政策，组织执行国家的金融法律法规，监督和管理商业银行和其他金融机构的经营活动，接受政府存款，代表政府发行和管理国库券和政府债券，是新加坡政府金融管理的主要部门。

新加坡货币委员会（Board of Commissioners of Currency, Singapore; BCCS）是根据新加坡货币法于1967年4月7日设立的。它是新加坡政府控制货币流通量，调控社会需求的重要部门，它履行中央银行的部分职能，是新加坡唯一的货币发行机构。BCCS的任务是：确保经济和社会发展对货币量的需要；保证国家货币法规得到有效的贯彻执行；负责新加坡的货币发行、铸造、兑换和其他货币管制工作；保管货币发行准备金和外汇储备，高效而安全地经营和管理货币储备基金；制定并实施货币管理部门的人事政策，形成有利于专业人员自我发展、自我提高的机制。

国内税务局（Inland Revenue Authority of Singapore; IRA）设立于1992年，属代表政府征税的法定机构。新加坡国内税务局内部设立董事会，实行企业化管理，董事会主席由财政部长担任，税务局长任董事会常任秘书，负责董事会的日常工作。国内税务局主要负责国内税收的征收工作，它负责征收的税主要有个人所得税、公司所得税、产业税、印花税、赌博及彩票税、彩票税、财产税等。

国内税务局下设公司所得税部、个人所得税部、产业税评估部、征收部、检查部、法律部、技术服务部、信息服务部等部门。

新加坡赛马赌金计算器委员会（Singapore Totalisator board；STB）是根据新加坡赛马赌金计算器法案的要求于1988年1月1日成立的，是对赛马赌金计算器进行专门管理的法定机构，归属于财政部税务署管理。赛马赌金计算器委员会的职责是监督赛马俱乐部的运营，使其按照有关法规从事赛马和赌金的经营活动，经营和管理赌金计算器；根据公众利益管理由赛马俱乐部经营赛马和赌金而产生的剩余利润；指导、研究任何其他与提高新加坡赛马总体水平有关的活动。

邮政储蓄银行（Post Office Savings Bank；POSB）成立于1972年，是新加坡政府为组织民间资金而设立的两个法定机构之一（另一个是新加坡中央公积金局），归属于财政部税务署管理。邮政储蓄银行作为新加坡的国家银行，是新加坡分支机构最多，金融业务最大，储蓄种类最多，服务质量最好的金融机构之一。尽管邮政储蓄银行是政府举办的银行，但它的业务仍按照一般金融规则来进行，储蓄不带任何强制性，政府通过高利率和对邮政储蓄利息免征所得税等优惠政策来吸引存款。邮政储蓄银行作为政府银行的特征主要表现在其存款和贷款的来源和使用方向受到政府的直接制约，它不得接受法人团体的存款；其存款的50%按规定必须存入金融管理局，用于政府法定机构和公共企业的贷款；不能从事外汇交易和外贸投资。邮政储蓄银行在必要时也会得到政府的资金支持。

公共会计委员会（Public Accountants Board；PAB）是财政部税务署下属的一个法律监督机构。它是在1989年根据新加坡会计条例的规定设立的，其主要职责是为会计进行注册，处理罚处性事务并管理会计业务活动。公共会计委员会由以下成员组成：

①总会计师；

②总审计师；

③一位由政府指定的来自南洋理工大学或新加坡国立大学的成员；

④四位由政府指定的成员，其中三位必须由新加坡有证公共会计研究所理事会（该研究所是新加坡处理会计专业事务，促进会计事业发展的专业权威性管理机构，其成员被授予有证公共会计 CPAC 称号）提名。

按照新加坡会计条例的规定，公共会计委员会还可以成立一个或两个包括四名有证公共会计和一名外行人员组成的调查委员会，负责调查会计业务中的违纪现象。

2.3 财政的职能

新加坡政府财政职能与其他市场经济国家在范围上大体相同，只是在实现职能的手段和方式上有一定差异。新加坡财政的职能受其政府职能的制约可归纳为以下几方面：

(1) 配置资源，保证正常实现政府职能的资金需要。

新加坡是市场经济国家，大部分资源配置活动是由私人企业通过市场机制来进行的，但是由于众所周知的原因，并不是所有的资源配置都可以通过市场机制的作用来实现，即在资源配置中存在市场失败或失效的领域，这些领域的资源配置任务只能由作为公共管理者的政府来承担，具体而言，是由政府财政来承担，因此，资源配置成为所有国家政府财政的首要职能，新加坡政府财政也不例外。

作为政府配置资源的主要手段，政府财政配置资源的职能，是通过财政支出将政府掌握的社会资源直接配置于实现政府职能所需要的方面（主要是公共产品和公共服务领域）来实现的。在财政履行资源配置职能的同时，也实现了社会资源在公共产品和私人产品之间，市场配置与政府配置之间的合理分配。显然，政府财政的资源配置职能既是由政府职能正常实现的客观必要性决定的，也是市场和政府在资源配置上客观存在的互补关系的要求。

新加坡政府的资源配置方向主要有以下几个方面：一是对维护国家安全和社会治安方面的支出。1996 年，新加坡政府的经常性支出中用于国家安全和社会治安的部分为 50.72%，是维持性支出中数量最大的部分；在发展性支出中，安全性支出占 11.36%。二是用于政府行政管理方面的支出。满足政府行政管理的资金需要是政府财政配置资源的主要内容，但由于行政管理费用与经济增长和人口增长不存在内在的函数关系，故新加坡政府财政用于这方面的支出并没有随着经济发展和人口增长而增长，近年来这方面的支出还有所下降。三是对社会公益性事业的投资。新加坡的社会公益事业，如文化、教育、卫生、住宅等有相当部分需要政府投资，1996 年，政府在社会公益事业方面的投资占财政总支出的比重为 39.23%，是总支出中比重最大的部分。四是对基础设施和其他经济发展方面的投资。新加坡政府十分重视能源、交通、通信、环境保护等公共工程和基础设施的投资，1996 年，财政发展性支出中这方面的投资达到 20 亿新元，占发展性支出的比重为 29%，其数量仅次于社会公益性支出为第二位。由于新加坡政府通过直接投资来填补利润率低，私人资本不愿涉猎，又为国民经济发展所必需的投资空白，使资源在国民经济各部门之间的配置比例趋于平衡和协调。

新加坡政府财政的资源配置职能，除了通过财政支出直接配置资源外，还借助于政府税收政策等来影响市场配置资源的方向，进而发挥着间接配置资源的作用。新加坡政府有名目繁多的税收优惠减免，这些减免体现了政府的经济发展和产业调整政策，比如为了鼓励外商投资和商品出口，新加坡政府制定了外商投资和出口商品实行所得税减免的一系列法规，在吸收外国资本和增加出口创汇能力方面发挥了极大的作用；又比如为了鼓励高科技产业的发展，新加坡政府对高附加值和高技术产业采取税收优惠政策，吸引私人资本向这些产业转移，使新加坡的产业结构在较短的时间里得到了较大的改善。

（2）调节收入分配，抑制个人收入水平的过分悬殊，实现社会分配的相对公平。

与其他市场经济国家相比，新加坡政府更重视社会成员整体福利水平的改善，并将提高全民生活质量当作政府的重要目标。在这个目标的规范下，政府财政承担着调节社会成员个人收入差距，实现收入分配相对公平的社会职能。

新加坡政府对个人收入水平的调节主要是通过累进所得税和社会保障政策来进行的。长期以来，新加坡对个人收入的征税一直采用累进所得税制。1996 年，新加坡实行 10 级超额累进税制，最低税率为 2%，适用于 2500—5000 新元的收入；最高税率为 28%，适用于 600000 新元及其以上的收入。通过超额累进税对高收入者和低收入者分别采用高低不同的税率，可以将高收入者收入的更多部分以税收形式集中到国家手中，从而缩小社会成员收入水平的差距。新加坡政府开征的遗产税也具有调节收入差距的功能，个人接受遗产在 300 新元以下的，免于征税；300 元以上的，分别不同数额，采用高低不同的税率。此外，新加坡政府还通过社会福利支出将国民收入的一部分转移到低收入和无收入者的手中，以提高他们的收入水平，使社会成员的收入差距被控制在社会可能接受的限度内，实现收入分配的相对公平。

尽管新加坡仍存在较大的贫富差异，但它也拥有世界公认的较高的社会公共福利水平，这与新加坡政府公共财政职能的正常履行大有关系。在新加坡，每个公民都能满足温饱，乞讨被作为犯罪的行为，政府的社会福利监察员天天都进行巡逻，收容乞丐。政府在鼓励公民强化自我保障意识和能力的同时，积极救济那些真正贫困的人，为他们提供生活救济、提供廉价的医疗和其他服务，使每一个生活成员都能得到社会妥善的照顾。此外，新加坡政府还通过兴建社会公共福利设施，兴办公益性的社会福利事业来使低收入者享受廉价的公共消费服务，从而提高他们收入的边际效用，客观上也起到了缩小收入差距的作用。

(3) 调节经济发展速度，实现经济稳定增长。

在市场经济条件下，市场主体的目标是追求利润最大化，这种目标本身就为经济增长创造了微观动力，但市场在配置资源时天然存在的调节滞后、盲目等缺陷又使市场在准确把握经济发展的规模和节奏、实现经济稳定增长方面有较大的局限性，从而使调节经济增长速度，实现经济稳定增长，成为包括新加坡在内的市场经济国家政府及其财政的重要职能。

由于新加坡独特的国情，即资源匮乏及由此而引起的对外国资本的过分依赖，使新加坡政府对经济增长速度的调节和控制在实现手段上有其自身的特点。新加坡经济是一种完全开发的经济，国内经济的发展在很大程度上依赖于外国资本的投入及对外贸易的发展。近年来，新加坡的进出口贸易额一直是其国内生产总值的 3 倍以上，其固定资产投资的 80% 以上为外国资金，在这种情况下，新加坡政府稳定经济的政策往往都以国内和国际市场为调控对象，将政策重心放在增强国内产品的国际竞争能力，抑制来自国际市场的通货膨胀或经济萧条对新加坡经济的的不良影响，保持新加坡国内市场供需平衡等方面。其经常采取的措施主要有：

①通过政府财政收入政策来调节社会需求，使其与经济适度增长的要求相适应。比如为了刺激私人投资，推动经济发展，新加坡政府近年来不断下调公司所得税税率（已从80年代的40%下调为1997年的26%），使私人资本积累有一个比较宽松的税收环境，其投资能力不断增强，对经济增长也产生了良好的刺激作用，此外，新加坡政府还对外国投资制定了诸多税收优惠政策，对稳定和吸引外国投资产生了其他政策和措施难以替代的作用。

②通过政府财政支出调节社会需求，推动经济持续发展。新加坡政府的财政支出政策，以抑制国内消费和鼓励储蓄为基本目标，长期保持较低水平的消费性支出和较高水平的公共投资，一方面增加了社会的投资需求，使经济发展保持在一定的水平上，另一方面，则为包括外国资本在内的私人资本的有效营运创造良好的条件，提高社会总资本收益率。

③采取强制储蓄和自愿储蓄相结合的金融政策来保持一定的资本积累率和一定的经济增长速度。具体而言，一是通过中央公积金制度对公民实行强制储蓄，公积金结余部分被规定用于购买国债，转化为政府的公共投资，从而增强了政府的投资能力和对经济的调节能力；二是通过邮政储蓄银行吸收民间自由存款，并将其一部分存入金融管理局或贷给公共企业，以保持政府对社会资金的控制力度。

④通过货币兑换率政策来控制国际市场价格波动对新加坡经济产生的不良影响，即新加坡金融管理局通过对新加坡元与外币的兑换率的调节和控制来保持新加坡元与外币的适当比价，防止国际市场通货膨胀或经济萧条给新加坡经济带来不良影响。

⑤新加坡政府也通过在证券市场上发行和交易国债，以及公

开市场操作，在资本市场上买进或卖出有价证券等手段来调节社会有效需求，达到调节经济增长速度的目的。1996 年新加坡政府证券市场的平均日交易额，从 1986 年的 800 万新元增加到 4.5 亿新元，国债协议回购的平均日交易量也从 1987 年的 1 亿新元，增加到 1996 年的 2.7 亿新元。政府证券市场在社会需求总量和结构的调整和控制中发挥着越来越大的作用。

（4）监督经济活动，惩治财政经济犯罪。

新加坡财政部作为政府经济管理的重要部门，还担负着监督社会经济活动，对财政经济犯罪活动实施打击的职能。新加坡政府十分重视财政经济领域的肃贪倡廉活动，财政部与贪污诉讼程序调查局（隶属于总理公署）、稽查总署等共同承担对经济犯罪的监督、调查和惩治工作。财政部下设的商业事务部、金融管理局、公司和企业注册处等都具有监督经济活动、打击经济犯罪的职能，是政府在财政、金融领域肃贪倡廉的专门机构。

第3章　新加坡的预算制度

3.1　预算模式和内容

新加坡是一个城市国家，其国家政权结构只有一级政权，由此决定，新加坡的预算也实行一级预算管理，不存在复杂的中央与地方的财力、财权划分关系。单一的预算管理层次使新加坡的预算制度与其他国家相比要简单得多，这也为提高预算管理效率创造了基本的条件。

3.1.1　预算的模式

新加坡财政实行复式预算模式，国家财政预算分为经常性预算和发展性预算。经常性预算是维持政府日常经费需要的预算。其收入项目主要包括各种税收、收费收入、投资收入及其他收入；支出项目包括国防、安全、社会与社区服务、经济和基础设施建设等的维持上年水平的支出。发展性预算是政府计划年度各项事业发展的预算。其收入项目主要是经常性预算的结余；支出项目包括国防、安全、社会和社区服务、经济与基础设施等的发展性支出。显然，新加坡复式预算结构是以收支项目的维持性和发展性为依据划分的，这与以收支的经济性质为依据划分的复式预算结构有明显的区别。

3.1.2　预算的内容

新加坡政府预算一般是指政府的公共财政预算，由于政府的资本投资往往采取信用的方式进行，其资金主要来自国债动员的中央公积金结余和邮政储蓄银行吸收的存款，支出主要通过金融管理局发放贷款，故其政府预算中往往不反映以借贷方式进行的投资性资金运动。

新加坡政府预算报告一般包括以下内容：一是对上年度经济情况的回顾和预算年度经济形势的分析；二是预算年度政府的宏观经济政策概述；三是计划年度的支出安排；四是预算年度的收入规模、税收调整变化情况及原因分析；五是结论。

3.2 预 算 原 则

3.2.1 量入为出、收支平衡

量入为出、收支平衡是新加坡预算管理的首要原则。由于新加坡是一个小国，资源又比较贫乏，经济资源的配置主要通过市场机制来进行，因此政府实行稳健的预算政策，除建国初期的1966—1967 预算年度有少量赤字外，新加坡政府预算几十年来一直保持盈余。1997 年，新加坡政府预算结余为 47.4 亿新元，占当年财政收入的比重为 15.5%，新加坡政府通过财政盈余来调节社会的有效需求，使国民经济增长被控制在适当的幅度内，实现没有通货膨胀的经济增长。新加坡之所以能保持多年的财政预算平衡，主要原因：一是政府始终坚持量入为出的预算原则，将平衡目标作为基本准则贯穿于预算编制和执行的全过程；二是新加坡始终保持政府部门的精简、高效，尽量减少政府部门对资源的直接消耗，使社会资源更多地被用于物质财富的创造上。三是新加坡经济一直保持稳定持续的增长势头，经济增长率长期保持在7%左右，良好的经济基础为财政平衡创造了最有利的条件。

3.2.2 以经济发展为基础

新加坡政府将促进经济发展作为政府预算的重要目标，其预算收入的测算要以经济增长的可能为依据，预算支出的安排也要充分考虑经济发展的需要。在预算编制过程中，政府财政部门总是充分考虑经济发展对财政预算的要求，并根据这种要求适时地调整年度预算。比如1998年新加坡经济面临东南亚金融危机的严重冲击，政府在1998年的年度预算中采取了进一步调低税率、增加投资的措施，以保持一定的经济增长速度。新加坡政府将以经济发展为基础作为预算编制的重要原则，并确实将其落到实处，从而为新加坡经济的持续增长创造了良好的宏观环境。

3.2.3 充分发挥预算调节功能

新加坡政府认为，政府预算固然要受经济发展的制约，但预算也对经济和社会发展有着重要的调节功能。在编制预算时，必须充分考虑这种功能及其可能给经济和社会发展带来的影响，尽可能地使其对社会经济发展产生良好的调节作用。因此，新加坡的预算法案具有详细、全面、针对性强等特点，它不但要规定政府预算收入和支出的规模和结构目标，同时对实现预算目标的具体措施也有详细的说明。每年政府财政、税收、投资等政策都要在预算案中予以反映，这一方面增强了政府预算的透明度，使政府的财政行为在公众的监督下更加符合公众的利益和目标；另一方面则使政府预算的功能和作用得到充分地发挥。

3.3　预算的编制方法和程序

新加坡的预算年度是从每年的 4 月 1 日到次年的 3 月 31 日，这种预算年度从殖民统治时期开始沿袭至今。

新加坡预算编制的第一步是进行收入和支出的测算，这种测算被分成两部分进行：一是根据国民经济发展情况，用电子计算技术测算预算年度的收入情况，年度预算收入的测算是以经济发展的规模和结构变动指标为依据进行的；二是在确定预算年度的收入指标之后，对政府各部门的支出情况进行测算，各部门要配合财政预算的编制，自行编制部门开支预算。部门开支预算确定之后，报财政部审查、调整和汇总，形成政府财政支出预算。

新加坡财政预算管理制度规定，政府各部门及政府财政在编制开支预算时，要严格控制开支的规模和增长幅度，一般情况下，支出的增长速度要控制在国内生产总值增长的幅度内，不得超过国内生产总值的增长幅度。为了保证支出预算能顺利实施，对一些数额较大的专项性支出还要落实其资金来源，以保证支出有确实的收入保证。为了使支出预算具有科学性和合理性，新加坡政府往往采取定额管理的方法来控制支出，即根据各部门承担的职能、各部门的人员编制、各部门应达到的服务要求等因素来确定部门的开支水平和变化趋势。

新加坡的预算编制过程比较复杂，一般需要花费一年的时间，其具体过程主要包括：每年的 4—5 月，财政部预算署和有关部门着手总结上年度的财政支出状况，分析财政总支出占国内生产总值的比率，以及各项支出占财政支出的比率，结合计划年度财政收入预计，初步确定各部门的支出参考定额，供各部门在确定支出预算时参照；6—7月，各部门根据预算署提供的开支参考定额，结合上年度部门工作业绩及计划年度各项事业发展的需要，确定部门年度开支预算建议；8—9月财政部预算署与政府各预算部门进行磋商，对部门开支预算达成共识；10—11月各部门向预算署提供部门业绩的常年报告和常年预算建议，预算署在部门预算的基础上，按照成本—效益、成本—利益、投入—产出等标准来评估和制定各预算部门的年度支出预算；12—1月，预算署根据经济和社会发展的要求，政府的宏观经济政策，以及最后确定的各预算部门的开支预算，制定政府年度预算报告，并提交政府内阁审查批准；2月，政府财政部长公开发表年度预算案声明；3月，议会对预算案进行辩论和审查，预算案经议会通过后交总统批准后实施。

3.4 预算调整

新加坡的预算调整有严格的制度规定，政府预算一经批准就成为具有法律效力的文件，必须严格执行，不得任意修改。如在预算执行中因客观原因确需调整预算时，必须先报财政部审查，财政部认定有调整必要的，报议会审议批准后方可实施。

第 4 章　新加坡的财政支出

4.1　财政支出规模及其发展趋势

4.1.1　财政支出总量及其占 GDP 的比重

1997 年，新加坡政府财政支出为 258.7 亿新元，占当年 GNP 和 GDP 的比重分别为 17.6%和 21.9%。比 1975 年增长了近 10 倍；比 1985 年增长了 144.5%；比 1990 年和 1995 年分别增长了 129.3%和 66.4%；比 1996 年的 197.7 亿新元，增长了 23.6%。

4.1.2　近 20 年来财政支出的变化趋势

近 20 年来，新加坡财政支出规模总体上呈稳定增长的趋势。1997 年，财政支出总额比 1975 年增加了 234.7 亿新元，比 1985 年增加了 152.9 亿新元，比 1996 年增加了 61 亿新元。增长幅度分别为 975%，144.5%和 23.6%。在支出总额稳步增加的同时，财政支出占 GDP 的比重却有一定程度的下降，1997 年新加坡政府财政支出占 GDP 的比重为 21.9%，比 1975 年的 29.9%和 1986 年的 27.2%分别下降了 8.0 和 5.3 个百分点。从财政支出的增长速度来看，尽管总体增长趋势向上，但年度间却有较大波动，增长速度最快的 1997 年达到 23.6%，最慢的 1991 年，只有 0.4%。表 4－1 反映了近 20 年新加坡政府财政支出的规模及其占 GDP 的比重情况。

表 4－1　财政支出规模及其演变

时期/年	财政支出总额（亿新元）	财政支出比上年增长		财政支出占 GDP 的比重%
		数额	%	
1975	24.0	—	—	29.9
1980	50.3	—	—	26.3
1985	105.8	—	—	27.2
1990	112.8	—	—	17.7
1991	113.3	0.5	0.4	16.3
1992	122.8	9.5	8.4	16.4
1993	125.5	2.7	2.2	14.7
1994	141.2	15.7	12.5	15.0
1995	155.6	14.4	9.3	15.2
1996	197.7	42.1	21.3	18.0
1997	258.7	61.0	23.6	21.9

资料来源：①《亚洲发展中国家和地区社会和经济统计资料汇编》；
②《新加坡统计年鉴》1997。

4.2 财政支出的结构及主要项目所占比重

4.2.1 经常性支出与发展性支出的比例

新加坡政府财政支出从大的方面分为两个部分，即经常性支出和发展性支出。经常性支出是维持政府日常需要的开支；发展性支出是用于中长期社会经济发展方面的支出。在 1997 年的财政支出中，经常性支出为 151.6 亿新元，占财政总支出的比重为

58.6%；发展性支出为 107.1 亿新元，占财政总支出的比重为 41.4%。表 4－2 是近年来经常性支出与发展性之间的比例情况。

表 4－2　经常性支出与发展性支出的比例

（1980—1997 年）

年度	经常性支出		发展性支出	
	总额（亿新元）	占财政总支出的%	总额（亿新元）	占财政总支出的%
1980	38.5	75.6	11.8	24.4
1985	68.4	64.7	39.3	35.3
1990	70.6	62.6	42.2	37.4
1991	78.0	68.8	35.3	31.2
1992	84.8	69.1	38.0	15.2
1993	91.4	72.8	34.1	27.4
1994	97.0	68.7	44.2	31.3
1995	108.8	69.9	46.8	30.1
1996	122.5	65.0	69.2	35.0
1997	151.6	58.6	107.1	41.4

资料来源：根据《新加坡统计年鉴》1997 的有关数据计算。

4.2.2　经常性支出与发展性支出的内部结构

新加坡政府财政的经常性支出和发展性支出的使用方向大致相同，只是支出的侧重点有一定差异。通常情况下，它们都主要用于以下几个方面，即国防安全支出；社会和社区服务支出（包括教育、卫生、环境保护、公共住宅等支出）；经济服务支出（包括国家发展、交通通讯、贸易和工业、劳动力培训等）；一般服务支出和其他支出。

（1）经常性支出的结构内部。

1997 年，新加坡政府的经常性支出总额为 151.6 亿新元，其中，国防安全支出 66.7 亿新元，占 44.0%；社会和社区服务支出52.2亿新元，占34.4%；经济服务支出10.1亿新元，占6.7%；一般服务支出7.6亿新元，占5.0%；其他支出15亿新元，占9.9%。近年来经常性支出的结构详见表4-3。

表4-3　　经常性支出的内部结构

(1990—1997)　　(单位：亿新元)

年度	国防安全支出		社会和社区服务支出		经济服务支出		一般服务支出		其他支出	
	总额	占经常性支出的%	总额	占经常性支出的%	总额	占经常性支出的%	总额	占经常性支出的%	总额	占经常性支出的%
1990	34.1	48.3	26.0	36.8	4.3	6.1	3.7	5.3	2.6	3.7
1991	37.9	48.5	28.3	36.2	4.4	5.6	4.7	6.0	2.8	3.6
1992	38.7	45.6	34.6	40.8	4.4	5.2	4.3	5.1	2.9	3.4
1993	44.1	48.2	33.9	37.1	4.3	4.7	6.1	6.7	3.1	3.4
1994	44.1	45.5	38.1	39.3	5.7	5.9	5.6	5.8	3.4	3.5
1995	52.5	48.3	41.2	37.9	6.9	6.2	7.2	6.6	1.1	0.1
1996	62.2	50.8	43.9	35.8	9.1	7.4	7.4	6.0	0	0
1997	66.7	44.0	52.2	34.4	10.1	6.7	7.6	5.0		9.9

资料来源：根据《新加坡统计年鉴》1996，1997的有关数据计算。

从表4-3中可以看出，在新加坡政府财政支出中，经常性支出主要用于国防安全、社会和社区服务两方面，1997年两者在经常性支出中的比重分别为44.0%和34.4%；在经常性支出中经济服务支出所占比重相对较小，1997年，经济服务支出在经常性支出中的比重只有6.7%。此外，在各项支出总额稳定增加的同时，其占经常性支出的比重也保持相对稳定。这也反映了政府经常性支出结构相对稳定的特点。

(2) 发展性支出内部的结构。

1997年新加坡政府的发展性支出总额为107.1亿新元，其中，国防安全支出12.2亿新元，占11.4%；社会和社区服务支出28.2亿新元，占26.3%；经济服务支出32.0亿新元，占29.9%；一般服务支出为34.7亿新元，占32.3%。新加坡政府发展性支出1990年以来的内部结构详见表4-4。

表4-4　　发展性支出内部结构

（1990—1997）　　（单位：亿新元）

年度	国防和安全支出		社会和社区服务支出		经济服务支出		一般服务支出	
	总额	占发展性支出的%	总额	占发展性支出的%	总额	占经常性支出的%	总额	占经常性支出的%
1990	2.7	6.4	27.1	64.2	9.9	23.5	2.5	5.9
1991	3.9	11.0	15.4	43.6	14.0	39.7	2.0	5.7
1992	3.9	10.3	15.9	41.8	15.4	40.5	2.8	7.4
1993	4.1	12.0	14.6	42.8	11.9	34.9	3.5	10.3
1994	4.9	11.1	17.1	38.8	17.5	39.7	4.6	10.4
1995	3.8	8.1	20.5	43.9	18.2	39.0	4.2	9.0
1996	7.9	11.4	31.3	45.2	19.9	28.8	10.1	14.6
1997	12.2	11.4	28.2	26.3	32.0	30.0	34.7	32.3

资料来源：根据《新加坡统计年鉴》1996，1997的有关数据计算。

从表4-4中可以看出，在1997年以前，新加坡财政的发展性支出主要用于社会和社区服务支出和经济服务支出两方面，这两项支出在发展性支出总额中的比重占70%左右。1997年这一结构发生了变化，由于一般性服务支出从1996年的10.1亿新元陡然增加到34.7亿新元，占发展性支出的比重也从上年的14.6%上升到32.3%，成为所占比重最高的支出，与此同时，社会和社区服务支出却出现了负增长，比1996年减少了3.1亿新元，其占财政发展性支出的比重也从上年的45.2%下降为26.3%。其原因一方面是因为1996年社会和社区服务支出增加了10.8亿新元，增长幅度较大，1997年其总量有所回调；另一方面是因为1997年政府增加了对电讯业及其他一般性公共服务行业的投入，从而使社会和社区发展支出的比重下降。

4.3 国防和安全支出

国防安全支出是政府用于国家防卫和维护社会治安方面的支出。国家防卫和维护社会治安是政府的重要职责，国防和安全支出也是新加坡政府财政的主要支出项目。长期以来，新加坡政府的国防安全支出规模呈稳定增长趋势。1997年，新加坡政府用于国防和安全方面的支出为78.9亿新元，占当年财政支出总额的比重为30.5%，占当年GDP的比重为6.7%；比1980年增加了66.2新元，增长了521.3%亿；比1990年增加了42.1亿新元，增长了114.4%。在支出规模稳定增长的同时，国防安全支出占财政支出比重一直稳定地保持在30%—40%之间，占GDP的比重也比较稳定，没有大的变化。

在1997年的国防支出中，经常性支出为66.7亿新元，占84.5%；发展性支出为12.2亿新元，占15.5%。这表明新加坡政府国防安全支出主要侧重于满足日常经费开支方面。从用途上看，新加坡的国防安全支出主要用于国防装备建设、国防政策研究和制定、新加坡陆、海、空三军的日常经费及战时费用开支、国内社会治安维护等方面。

表 4－5 是近年来新加坡政府国防安全支出的基本情况。

表 4－5　国防安全支出规模

（1990—1997）

年度	总额（亿新元）	占财政支出的％	占 GDP 的％
1990	36.8	32.6	5.8
1991	41.8	36.9	6.0
1992	42.6	34.7	5.5
1993	48.2	38.4	5.7
1994	49.0	34.7	5.2
1995	56.3	36.2	5.5
1996	70.1	35.5	6.4
1997	78.9	30.5	6.7

资料来源：同表 4－4。

4.4　社会和社区服务支出

社会和社区服务支出主要是新加坡政府用于教育、卫生保健、环境保护和公共住宅等方面的支出。1997 年，新加坡政府的社会和社区服务支出达到 80.5 亿新元，占当年财政支出总额的比重为 31.1％，占当年 GDP 的比重为 6.8％。在社会和社区服务支出中，经常性支出为 52.2 亿新元，占 64.9％；发展性支出为 28.2 亿元，占 35.1％。

4.4.1　教育支出

教育支出是新加坡政府用于各级各类学校，教育研究机构及其他由政府扶持的教育事业方面的支出。新加坡政府十分重视教育，教育经费在财政支出特别是经常性支出中一直占有重要的地位。

1997年，新加坡政府的教育支出达到42.6亿新元，占当年财政支出总额的比重为16.5%，占当年GDP的比重为3.8%；占当年社会和社区服务支出的比重为52.9%。其总额比1975年的7.4亿增加了35.2亿新元，增长了475.7%；比1985年的22.8亿新元，增加了19.8亿新元，增长了86.8%；比1996年的35亿新元增加了7.6亿新元，增长27.1%。

在教育支出中，经常性支出为33.5亿新元，占78.6%；发展性支出为9.1亿新元，占的21.4%。表4-6反映了近年来新加坡政府教育支出的基本情况。

表4-6　　教育支出规模

(1990—1997)　　(单位：亿新元)

年	教育支出		占财政支出的%	占GDP的%	经常性支出		发展性支出	
	总额	比上年增长%			总额	占教育支出的%	总额	占教育支出的%
1990	19.7	—	17.5	3.1	17.4	88.3	2.3	11.7
1991	22.6	14.7	20.0	3.3	18.9	83.6	3.7	16.4
1992	30.2	33.6	24.6	3.9	24.6	81.5	5.6	18.5
1993	28.3	-6.3	22.6	3.3	21.7	76.7	6.6	23.3
1994	31.7	12.0	22.6	3.6	24.2	76.4	7.5	23.7
1995	34.6	9.2	22.3	3.4	26.8	77.5	7.8	22.5
1996	35.0	1.1	17.7	3.2	28.5	81.4	6.5	18.6
1997	42.6	21.7	15.5	3.6	33.5	78.6	9.1	21.4

资料来源：同表4-4。

从表4-6中可以看出，自1990年以来，新加坡政府的教育经费支出总量，除个别年份外，基本处于稳定增长状态，年均增长速度大约为16%，但年度间的增长幅度却有较大的差异。增长幅度最大的依次为 1992 年和 1997 年，这两年新加坡教育经费支出的增长幅度分别达到 33.6%和 21.7%；增幅最小的依次为 1996 年和 1993 年，其增长幅度分别为 -6.3%和 1.1%。在 7 个预算年度中，最大增幅和最小增幅之间相差近 40 个百分点；此外，教育支出占财政支出总额的比重也呈现先扬后抑的变动特征。尽管教育支出的年度增长速度及其占财政支出的比重都有一定波动，但教育支出占 GDP 的比重却相对稳定，始终保持在 3%到 4%之间。

4.4.2 卫生保健支出

卫生保健支出是新加坡政府用于公共医疗卫生和兴建社会保健设施，以及开展医疗卫生研究等方面的支出。由于新加坡实行医疗保险个人账户制度，故其卫生医疗经费主要来自非政府渠道，政府对卫生保健方面的投资占财政支出中的比重不大。

表 4-7 卫生保健支出规模

（1990—1997 年） （单位：亿新元）

年度	总额	占财政支出的%	经常性支出		发展性支出	
			总额	占卫生保健支出的%	总额	占卫生保健支出的%
1990	5.1	4.5	4.6	90.2	0.5	9.8
1991	6.3	5.7	4.9	77.8	1.4	22.2
1992	6.9	5.6	5.2	75.4	1.7	24.6
1993	7.6	6.1	6.4	84.2	1.2	15.8
1994	9.2	6.5	7.3	79.4	2.0	21.6
1995	10.2	6.6	6.9	67.6	3.3	32.4
1996	10.7	5.4	7.1	66.4	3.6	33.6
1997	12.7	4.9	10.0	78.7	2.7	21.3

资料来源：同表 4-4。

1997年，新加坡政府的卫生保健支出为12.7亿新元，占当年财政支出总额的比重为4.9%。在卫生保健支出中，经常性支出为9.8亿新元，占78.4%；发展性支出为2.7亿新元，占21.6%。

近年来新加坡政府卫生保健支出的情况见表4-7。

从表4-7中可以看出，新加坡政府的卫生保健支出主要来自经常性支出，除少数年份外，卫生保健支出中经常性支出的比重均在70%以上，最高的1990年达到90.2%，最低的1996年仍然达到66.4%。此外，随着财政支出的不断增长，卫生保健支出规模也呈稳步小幅攀升的态势。

4.4.3 环境保护支出

新加坡是一个注重环境保护的国家，其环境保护受到法律的

表4-8 环境保护支出规模

(1990—1997年) (单位：亿新元)

年度	总额	占财政支出的%	经常性支出		发展性支出	
			总额	占环境保护支出的%	总额	占环境保护支出的%
1990	4.2	3.7	2.1	50.0	2.1	50.0
1991	7.0	6.2	2.0	28.6	5.0	71.4
1992	4.4	3.6	2.1	47.7	2.3	52.3
1993	4.1	3.3	2.2	53.7	1.9	46.3
1994	4.7	3.3	2.5	53.2	2.2	46.8
1995	5.5	3.5	2.7	49.1	2.8	50.9
1996	8.1	4.1	2.9	35.8	5.2	64.2
1997	9.5	3.7	3.0	31.6	6.5	68.4

资料来源：同表4-4。

严格约束，新加坡政府严禁任何有损环境的经济建设项目存在，这就使新加坡成为一个环境状态良好的国家，因此，新加坡政府也无须为环境保护花费太大的代价。

1997年，新加坡政府用于环境保护方面的支出为9.5亿新元，占当年财政支出的比重为3.7%，占当年社会和社区服务支出的比重为11.8%；比1990年的5.1亿新元增加了4.4亿新元。在9.5亿新元的环境保护支出中，经常性支出为3.0亿新元，占31.6%；发展性支出为6.5亿新元，占68.4%。显然，新加坡政府的环境保护支出主要来自发展性支出。表4-8反映了近年来新加坡政府环境保护支出的情况。

4.4.4 公共住宅支出

公共住宅支出是新加坡政府拨给新加坡建屋发展局，用于资助公共住宅建设的支出。由于新加坡实行住房公积金制度，公民住房主要由不断积累的公积金购买，故政府用于住宅建设的支出不多。1997年，新加坡政府的公共住宅支出为8.7亿新元，占当年财政支出的比重为3.4%，占当年社会和社区服务支出的比重为10.8%。在8.7亿新元的公共住宅支出中，经常性支出为1.5亿新元，占17.2%；发展性支出为7.2亿新元，占86.8%。显然，公共住宅支出的主体是发展性支出，这是由公共住宅支出的建设性性质决定的。

由于公共住宅建设支出受政府经济和社会发展政策的影响较大，因而其规模在年度间也有较大波动。支出最多的1990年为21.9亿新元，占财政支出的比重为19.4%；支出最少的1991和1993年为5.1亿新元，占财政支出的比重分别为4.5%和4.1%。1990年，政府为了经济和社会发展的需要发展建筑业，安排了比较多的公共住宅支出，使这一年的公共住宅支出有较大幅度的增长。

表 4-9 公共住宅支出规模

（1990—1997 年） （单位：亿新元）

年度	总额	占财政支出的比重%	经常性支出		发展性支出	
			总额	占公共住宅支出的%	总额	占公共住宅支出的%
1990	21.9	19.4	0.5	2.3	21.4	97.7
1991	5.1	4.5	0.5	9.8	4.6	90.2
1992	6.3	5.1	0.6	9.5	5.7	90.5
1993	5.1	4.1	1.1	21.6	4.0	78.4
1994	5.7	4.0	1.3	22.8	4.4	77.2
1995	6.6	4.2	1.6	24.2	5.0	75.8
1996	11.7	5.9	1.5	12.8	10.2	87.2
1997	8.6	3.4	1.4	16.3	7.2	83.7

资料来源：同表 4-4。

4.5 经济服务支出

4.5.1 经济服务支出的规模

经济服务支出（Economic Services Ependiture）是新加坡政府直接用于经济建设和经济发展方面的支出。它主要包括国家发展支出（National Development），交通通信支出，贸易和工业支出，劳动力支出以及经济研究与开发支出等等。新加坡的资本积累主要来自私人部门，政府用于经济方面的支出数量有限，占财政支出的比重也不大，但长期以来，新加坡政府的经济服务支出，仍然保持了较快的增长速度。

1997 年，新加坡政府的经济服务支出为 42.1 亿新元，占当年财政支出的比重为 16.3%。比 1990 年的 14.2 亿新元增加 27.9 亿新元，增长 196.5%；比 1996 年的 30 亿新元增加 12.1 亿新元，增长 40.3%。表 4－10 和 4－11 反映了近年来新加坡政府经济服务支出的规模和结构状况。

表 4－10　经济服务支出的规模

(1990—1991 年)　(单位：亿新元)

年度	总额	占财政支出的比重%	经常性支出		发展性支出	
			总额	占经济服务支出的%	总额	占经济服务支出的%
1990	14.2	12.6	4.3	30.3	9.9	69.7
1991	18.4	16.2	4.4	23.9	14.0	76.1
1992	19.8	16.1	4.4	22.2	15.4	77.8
1993	16.2	12.9	4.3	26.5	11.9	73.5
1994	23.2	16.4	5.7	24.6	17.5	75.4
1995	25.1	16.1	6.9	27.5	18.2	72.5
1996	29.1	14.7	9.1	31.3	20.0	68.7
1997	42.1	16.3	10.1	30.0	32.0	76.0

资料来源：同表 4－4。

表 4－10 反映了新加坡政府经济服务支出的以下几个特点：一是新加坡政府的经济服务支出的绝对规模呈稳定上升的趋势，除 1993 年略有下降外，其他年份都保持增长；二是新加坡政府的经济服务支出占财政支出比重在年度之间有所波动，但波动幅度不大；三是新加坡政府的经济服务支出主要来自发展性支出，发展性支出在经济服务支出中的比重一般占 70%左右。

4.5.2　经济服务支出的结构

(1) 国家发展支出。

国家发展支出是新加坡政府用于国土开发及其他国家资源开

发方面的支出。1997 年，这一支出为 4.4 亿新元，占当年财政支出的比重为 1.7%，占当年经济发展支出的比重为 15.1%。比 1990 年的 6.5 亿新元减少了 2.1 亿新元，下降幅度为 32.3%，其占经济服务支出的比重，也从 1990 年的 45.8% 下降为 10.2%，降低了 35.6 个百分点。在 1997 年的国家发展支出中，经常性支出为 3.1 亿新元，占 70.5%，发展性支出为 1.1 亿新元，占 29.5%。

（2）交通和通信支出。

交通和通信支出是新加坡政府经济服务支出的主要项目。1997 年该项支出总额为 15.7 亿新元，占当年财政支出的比重为 6.1%，占当年财政经济服务支出的比重为 37.5%。在 1997 年的交通和通信支出中，经常性为 3.1 亿新元，占 19.8%；发展性支出为 12.6 亿新元，占 80.2%。

近年来，新加坡政府十分重视交通通信业的发展，对该行业的投资呈稳步增长的趋势。特别是 1997 年，新加坡政府较大幅度地增加了对通信业的投入，使该项支出比 1996 年增长了 46.7%，比 1990 年增长了 336.1%，成为经济服务支出中增长幅度较快的项目之一。

（3）工业和贸易支出。

1997 年，新加坡政府经济服务支出中的贸易和工业支出为 15.0 亿新元，占当年财政支出的比重为 5.8%，占当年财政经济服务支出的比重为 35.6%，在经济服务支出中，仅次于交通和通信支出居第二位。比 1990 年增长了 328.6%，比 1996 年增长了 82.9%，成为经济服务支出中比上年增长幅度最快的项目。

（4）劳动力支出。

劳动力支出是新加坡政府用于劳动力培训的补助支出。该项支出的数额不大，但绝对量在经济服务支出中仍保持稳定小幅攀升的态势。1997 年，该项支出总额为 0.5 亿新元，比 1990 年的 0.3 亿新元增加了 0.2 亿新元，增长幅度为 66.7%，在支出规模增长的同时，该项支出占经济服务支出的比重从 1990 年的 2.1%下降为 1997 年的 1.2%，这说明该项支出并未与经济服务支出保持同步增长。

(5) 研究与开发支出。

研究与开发支出是新加坡政府用于资助新技术、新工艺的研究与开发的支出。近年来，随着新技术、新工艺在促进经济发展中的作用日益突出，该项支出的规模及其占财政支出的比重也呈现稳步上升的趋势。1997 该项支出为 6.6 亿新元，比 1990 年的 0.2 亿新元增加了 30 多倍，其占经济服务支出中的比重也从 1990 年的 1.4%提高到 1997 年的 15.7%，上升了 14.6 个百分点，是经济服务支出中增幅最大的支出项目。

表 4-11　经济服务支出的结构

(1990—1997 年)　(单位：亿新元)

年度	国家发展支出		交通运输支出		贸易和工业支出		劳动力支出		研究与开发支出	
	总额	占经济服务支出的%	总额	占经济服务支出的%	总额	占经济服务支出的%	总额	占经济服务支出的%	总额	占经济服务支出的%
1990	6.5	45.8	3.6	25.4	3.5	24.7	0.3	2.1	0.2	1.4
1991	6.6	35.9	7.8	42.4	2.8	15.2	0.3	1.6	0.6	3.3
1992	7.4	37.4	6.4	32.3	3.2	16.1	0.3	1.5	2.4	12.1
1993	8.6	53.1	3.7	22.8	1.9	11.7	0.3	1.9	1.7	10.5
1994	7.2	31.1	8.7	37.5	4.8	20.7	0.4	1.7	2.2	9.5
1995	7.3	29.1	8.7	34.7	6.0	23.9	0.4	1.6	2.7	10.8
1996	4.4	15.1	10.7	36.8	8.2	28.2	0.5	1.7	5.2	17.9
1997	4.3	10.2	15.7	37.3	15.0	35.6	0.5	1.2	6.6	15.7

资料来源：同表 4-4。

4.6 一般服务支出

一般服务支出是新加坡政府用于政府行政管理等方面的支出。1997 年，该项支出为 42.3 亿新元，占财政支出总额的比重为 16.4%。其中，经常性支出为 7.6 亿新元，占 18%，发展性支出为 37 亿新元，占 82%。关于一般服务支出的具体情况见表 4－12。

表 4－12　　一般服务支出的规模

(1990—1997 年)　　(单位：亿新元)

年	总额	比上年增长%	占财政支出的%	经常性支出		发展性支出	
				总额	占一般服务支出的%	总额	占一般服务支出的%
1990	6.2	—	5.5	3.7	59.7	2.5	40.3
1991	6.7	8.1	5.9	4.7	70.1	2.0	29.9
1992	7.1	6.0	5.8	4.3	60.6	2.8	39.4
1993	9.6	35.2	7.8	6.1	63.5	3.5	36.5
1994	10.2	6.3	7.2	5.6	54.9	4.6	45.1
1995	11.5	12.8	7.4	7.2	62.6	4.3	37.4
1996	17.5	52.2	8.9	7.4	42.3	10.1	57.7
1997	42.3	141.7	16.4	7.6	18.0	34.7	82.0

资料来源：同表 4－4。

从表 4－11 中可以看出，新加坡政府的一般服务支出有以下特点：一是支出规模呈现上升态势，年度之间增幅波动较大。特别是 1996 年和 1997 年，增长速度陡然上升，1997 年的增长幅度达到 141.7%；二是支出结构从以经常性支出为主体，向以发展性支出为主体转化。1995 年以前，一般服务支出中经常性支出占 50%以上，最高的为 1991 年，经常性支出占到 70.1%；从 1996 年起，经常性支出的比重下降为 42.3%，1997 年更骤然下降为 18.0%。

第5章　新加坡的财政收入、财政结余和国家债务

5.1　财政收入的现状及演变

5.1.1　财政收入规模及其演变

新加坡的财政收入，包括税收收入，收费收入和其他收入。1997年，新加坡政府财政收入达到306.1亿新元，比1966年的

表5-1　　新加坡财政收入规模及发展变化

时期/年	GDP（亿新元）	财政收入		
		总量（亿新元）	比上年增长%	占GDP的比重%
1985	389.2	107.6	—	27.6
1986	386.6	109.7	2.0	28.4
1988	499.9	138.6	7.0	27.7
1991	694.5	148.5	—	21.4
1992	749.8	172.2	16.0	23.0
1993	853.9	195.3	13.4	22.9
1994	943.7	232.8	19.2	24.7
1995	1025.3	247.8	6.4	24.2
1996	1095.7	280.4	13.2	25.6
1997	1180.8	306.1	9.2	25.9

资料来源：①《新加坡统计年鉴》1997；

②《亚洲发展中国家和地区经济和社会统计资料汇编》。

6.2亿新元增长了近50倍；比1975年的33.6亿新元增长了约9倍。表5-1反映了新加坡政府财政收入规模的发展变化情况。

从表5-1中可以看出，新加坡的财政收入近年来一直保持持续稳定的增长势头，财政收入占GDP的比重虽然在1990年以后有所下降，但一直稳定在20%以上；从财政收入的增长速度上看，1985、1986在经济衰退，国民生产总值和国民生产总值出现负增长的情况下，财政收入仍然保持2%的增长速度，1994年，由于进行了开征商品和服务税的税收制度改革，财政收入较上年有了较大幅度的增长，增幅达19.2%，成为新加坡财政收入增长幅度最大的一年。

财政收入长期保持良好的增长势头，财政收入在国内生产总值中始终保持较高的比重，一方面反映出新加坡经济结构的低消耗、高效益特征，这样的经济结构为财政增加收入提供了可靠的物质保障；另一方面也为新加坡政府实施盈余财政政策，增强政府对经济的调控弹性和调控能力创造了基本条件。

5.1.2 财政收入结构及其演变

新加坡的财政收入主要来源于税收收入、收费收入和其他收入。在财政收入中，税收收入是最主要的来源。1997年，新加坡政府财政收入总计为306.1亿新元，其中，税收收入为244.4亿新元，占79.8%；收费收入为40.3亿新元，占16.5%；其他收入（主要是政府贷款利息收入）为21.4亿新元，占8.8%。新加坡财政收入的结构状况及其演变详见表5-2。

表5-2反映了新加坡财政收入结构的基本情况。在1990年以前，由于新加坡政府的法定机构的职能比较大，其给政府提供的非税收入也比较多，税收收入占财政收入的比重相对较低。1990年以后，由于法定机构的直接经营职能有所减弱，政府收

入更多地采取规范、稳定的税收形式，从而使税收收入在财政收入中的比重上升，在整个20世纪90年代始终保持在80%左右的水平上，成为新加坡财政收入最主要的来源。

表5-2　新加坡财政收入结构及发展变化情况

时期/年	税收收入		收费收入		其他收入	
	总量（亿新元）	占财政收入的%	总量（亿新元）	占财政收入的%	总量（亿新元）	占财政收入的%
1975	22.8	73.3	—	—	—	—
1980	44.0	66.5	—	—	—	—
1985	64.0	59.5	—	—	—	—
1991	120.1	80.9	16.4	11.0	11.9	8.1
1992	137.6	79.9	22.1	12.8	12.5	7.3
1993	154.5	79.1	30.2	15.5	10.6	5.9
1994	186.1	79.9	36.9	15.9	9.9	4.2
1995	195.8	79.0	36.7	14.8	15.4	6.2
1996	219.2	78.2	40.6	14.5	20.6	7.3
1997	244.4	79.8	40.3	13.2	21.4	7.0

注：①1975—1985年的收费收入无准确数字，故其他收入也难以反映。
②收费收入主要包括规费收入和其他费用收入。
③其他收入主要包括政府贷款的利息收入等。

5.2 财政结余

5.2.1 财政结余的含义

新加坡实行收支平衡的预算政策，除1966—1967预算年度外。其他预算年度都保持预算结余。尽管受经济发展和开支增长的影响，近年来新加坡政府预算结余有所减少，但将支出控制在收入的可能之内，却是新加坡政府一贯倡导的预算原则。

新加坡财政结余的含义是政府公共收入减去公共支出（包括经常性支出和发展性支出）后的余额。与其他国家对财政结余的定义有所不同，新加坡计算财政结余时，其财政收入中不包括政府的投资收入、资本收入和利息收入。

5.2.2　财政结余的历史和现状

新加坡财政收支及财政结余的历史和现状如表5-3所示。

表5-3　　新加坡财政结余的历史和现状

时期/年	财政收入（亿新元）	财政支出（亿新元）	财政结余（亿新元）	财政结余占财政收入的比重%
1975	33.1	24.0	9.1	27.5
1980	63.6	50.3	13.3	20.9
1985	107.7	105.8	1.9	1.76
1991	148.5	113.3	35.2	23.72
1992	172.2	122.8	49.4	28.7
1993	195.3	125.5	69.8	35.7
1994	232.8	141.2	91.6	39.3
1995	247.8	155.6	92.2	32.2
1996	280.4	197.7	82.7	29.5
1997	306.1	258.7	47.4	15.5

资料来源：《新加坡统计年鉴》1997。

从表5-1可以看出，自70年代以来，新加坡保持了历年的财政结余，并且财政结余占财政收入的比重，大多数年份保持在20%以上，最高的年份达到了39.3%。1996年，新加坡政府的财政结余为 82.7 亿新元，占当年财政收入的比重为 29.5%；1997 年，受东南亚金融危机的影响，新加坡政府采取了一些减免税收和增加支出的刺激经济增长的措施，使财政结余有所减少，为 47.4 亿新元，占当年财政收入的比重大约为 15.5%，这是自 1992 年以来最低的财政结余量。充裕的财政资金，良好的财政状况增强了新加坡政府抵御财政风险的能力，也使新加坡政府对经济的调节和控制更具有回旋余地，也正是因为如此，尽管 1998 年新加坡的经济和金融也受到东南亚金融危机的冲击，但新加坡政府表现出其他东南亚国家难以比拟的经济和财政控制能力，它通过较大幅度的税收减免和投资增加来刺激经济，使其保持必要的增长速度，从而对缓解经济和金融困难起了良好的作用。

5.2.3 财政结余产生的原因

新加坡财政结余产生的原因主要有：

（1）政府长期坚持盈余财政政策，并将其落到实处。

新加坡政府长期坚持量入为出、留有盈余的财政预算政策，在每年的预算方案中，都保持有一定结余，从而形成了其财政收支之间的良性对比关系。

（2）良好的经济发展状况为财政结余提供可靠的保障。

新加坡政府十分重视经济增长，长期以来以各种方式推动经济增长，并不断降低经济增长的成本，使新加坡的经济结构日益显现高效益的特征，从而为政府财政收入随经济的增长而快速增长创造了物质基础，也为财政收支平衡和盈余提供了基本的保障。

（3）节俭政府开支为财政结余创造了条件。

新加坡政府长期以来坚持有节制的支出增长政策，并通过中央公积金制度比较好地解决了社会保障的问题，基本上卸下了其他市场经济国家政府背负的沉重的社会保障支出负担，这也为政府预算保持平衡和盈余创造了条件。

5.3 国家债务

5.3.1 发行国债的目的

新加坡实行量入为出的财政预算政策，财政年年都有结余，因此，其发行国债和国家借款的目的与大多数市场经济国家不同，不是为了弥补入不敷出的财政赤字，解决财政困难，而主要是出于以下两个目的：

(1) 调节社会需求，控制经济发展速度。

新加坡的国债首先是作为政府公开市场操作的工具，在调节货币流通量，进而调节社会需求，控制经济发展速度方面发挥作用。新加坡是亚洲的金融中心之一，金融市场发育完善，在国民经济中有十分重要的地位，因此，新加坡政府十分重视利用公开市场业务等经济手段对金融市场进行宏观调控。发行国债，并在政府债券市场上进行国债交易就成为新加坡政府调节经济的重要手段和方式之一。

政府财政部下属的金融管理局在债券市场上根据市场利率，以公开喊价的方式发行偿还期为3个月至7年不等的非凭证式政府债券。目前新加坡有57家银行在新加坡金融管理局开设有记账式国债的账户。1996年，政府债券的日平均成交额大约为4.4亿新元，到1996年底，新加坡政府在债券市场上发行并出售的国债总值大约为205亿新元。

(2) 为中央公积金投资提供渠道。

新加坡实行积累式的社会保障筹资模式，即通过向居民强制性地收缴社会保障费用，并将其转移到中央公积金账户来解决社会保障的资金问题。中央公积金筹集起来以后，由中央公积金局对其进行管理和经营，使其不断保值、增值。由于中央公积金的特殊性质，它必须选择安全的投资渠道，故国债便成为其最重要的投资方向。新加坡政府发行的国债，绝大部分是由中央公积金局用中央公积金余额购买的，甚至在很多年份，中央公积金余额量成为政府确定国债发行量的依据。政府通过发行国债，将中央公积金用于建立政府控制的财政贷款基金，并将其贷给具有盈利能力的政府法定机构和其他国家的控股公司。这样，一方面解决了中央公积金投资的安全性问题，为其正常保值、增值开辟了一条很好的渠道；另一方面，也为政府充分调动和利用社会资源、减轻实现国家职能的税收负担创造了条件。

5.3.2 国债的规模

1997 年，新加坡国债的总规模（国债余额）为 1023.7 亿新元，占当年 GNP 的比重为 69.7%，与 1987 年相比，10 年增加了 641 亿新元，平均每年增加 64 亿新元左右。表 5-4 反映了 1987—1997 年新加坡国债余额的情况。

从表 5-4 中可以看出，新加坡政府债务占 GNP 和财政收入的比重都不算低，但由于新加坡的国债主要由中央公积金购买，其购买资金来源比较稳定；同时，国债主要用于建立国家财政贷款基金，再投资于有盈利保证的国家重要项目和行业，能够取得良好的投资效益，故发行国债并未形成国家的债务包袱，相反成为政府解决社会保障资金保值、增值和筹集建设资金的有效渠道。

表 5-4　新加坡国债规模

（单位：亿新元）

年度	国债余额		国债余额占 GDP 的 %
	总额	比上年增加	
1987	382.7	—	88.7
1990	514.3	—	75.3
1991	590.4	76.1	78.4
1992	672.5	82.1	81.6
1993	698.2	25.7	74.7
1994	753.4	55.2	69.0
1995	865.1	111.7	71.0
1996	948.3	83.2	71.2
1997	1023.7	75.4	69.7

资料来源：《新加坡统计年鉴》1996，1997。

5.3.3　国债的结构

由于新加坡发行国债的特殊目的，故其国债结构也比较单一。

首先，新加坡的国债主要是内债。1994 年以前，新加坡还有一定数量的外债，这些外债主要来自世界银行和亚洲发展银行的贷款，英国特别援助和国际资本市场的借款；1990—1992 年，新加坡政府基本不再向国际资本市场借款，其外债主要依赖国际金融组织的贷款和英国特别援助；1993 年以后，新加坡政府又停止了对亚洲发展银行的贷款，其外债单纯来源于世界银行贷款和英国特别援助；1994 年，新加坡政府归还了所有的外债，成为一个没有外国债务的政府。目前新加坡的外债都是由私人部门自借自还的债务，政府债务全部来自国家内部。表 5-5 反映了新加坡政府的内外债结构。

表 5－5　　新加坡政府内外债结构

（单位：亿新元）

时期/年	国债总额	内债		外债	
		总额	占国债总额的%	总额	占国债总额的%
1985	321.6	315.7	98.2	6.0	1.8
1987	382.7	379.7	99.2	0.1	0.8
1990	514.3	513.6	99.9	0.7	0.1
1991	590.4	590.0	99.9	0.4	0.1
1992	672.5	672.3	99.97	0.24	0.03
1993	698.2	698.1	99.98	0.12	0.02
1994	753.4	753.4	100	0	0
1995	865.1	865.1	100	0	0
1996	948.3	948.3	100	0	0
1997	1023.7	1023.4	100	0	0

资料来源：《新加坡统计年鉴》1996，1997。

其次，国债的购买者结构单一。新加坡国债的80%以上由中央公积金购买，所以，其主要掌握在政府的法定机构（主要是中央公积金局）手中，其他购买者，如个人和其他法人团体拥有国债的数量很少。

再次，新加坡国债的品种较少。新加坡国债的品种主要有注册国债、国库券和记账式国债等品种，品种类别较少。其中注册国债主要由法定机构购买，其期限也比较长；国库券主要是政府调节货币需求的工具，是在债券市场上进行交易的主要国债品种。记账式国债是购买者通过在金融管理局开设账户来购买和保存的国债，这种国债也可以以转账的形式进行交易。

5.3.4 国债的管理

新加坡国债的管理机关是财政部下属的金融管理局。金融管理局负责国债的发行、流通、使用和偿还。由于新加坡发行国债不是为了解决公共财政收入不足的问题，因此，国债收入和用国债安排的支出都不列入政府的预算，而是完全按照经济和信用的原则运作，所不同的是国债的购买对象主要是中央公积金，其使用方向主要是政府重要行业和项目的贷款。

表5-6 内债的种类结构

（单位：亿新元）

年度	内债总额	注册国债		国库券		记账式国债	
		总额	占内债总额的%	总额	占内债总额的%	总额	占内债总额的%
1985	315.7	181.1	57.4	14.2	4.5	120.4	38.1
1987	379.7	340.2	89.6	27.8	7.3	11.7	3.1
1990	513.6	411.5	80.1	20.7	4.0	81.4	15.9
1991	590.0	418.1	70.9	34.7	5.9	137.2	23.2
1992	672.3	563.6	83.8	49.4	7.4	59.3	8.8
1993	698.1	568.5	81.4	49.9	7.1	79.7	11.5
1994	753.4	565.0	75.0	50.0	6.6	138.4	18.4
1995	865.1	597.0	69.0	57.5	6.7	210.6	24.3
1996	948.3	678.5	71.6	59.9	6.3	209.9	22.1
1997	1023.7	733.1	71.6	69.2	6.8	221.5	21.6

资料来源：《新加坡统计年鉴》1996，1997。

第 6 章　新加坡的税收制度

6.1　税收立法与税收管理概述

6.1.1　税收立法程序

新加坡有健全完善的税收法律制度体系，几乎每一种税都有专门的立法。目前，新加坡的税法体系包括所得税法、货物与服务税法、财产税法、印花税法、遗产税法、赌博税法等多种单项法律。

新加坡的税收立法权属于议会，税法解释权在财政部，税法执行权在新加坡税务署。其税法的制定和修改的基本程序为：税务署会同金融管理局、贸易发展局和经济发展局制定税收法律草案，然后报财政部长审查，财政部长审查同意后报检察总署，检察总署与财政部共同讨论并对草案进行修改，修改后的税法草案报议会讨论、审查并最后批准，议会批准后的税收法案由总统签署发布后正式生效。

6.1.2　税收管理机构

新加坡税收管理由财政部税务署负责。税务署中负责税收征收管理的部门主要有两个，即国内税务局和关税及货物税局。其中，国内税务局主要负责征收所得税、货物与服务税、财产税、遗产税、印花税、赌博税、机动车辆税、私人彩票税等税收；关税及货物税局主要负责征收关税及消费税、娱乐税、影片税和反倾销税等。上述两个税收征管机构的征税情况及其数额如表6－1和6－2所示。

新加坡国内税务局是新加坡税务管理的主要机构，它除了负责全国主要的税收计划，直接处理纳税人申报及税款的评估征收等具体的纳税事务外，还负责监督全国公益慈善事业的财务工作。

国内税务局的机构是按税收征管程序的要求设置的。其下属机构主要有：公共服务部，公司所得税处，个人所得税处，货物与劳务税处，征收处，监察部，法律部，技术服务部，电脑信息服务部等。公共服务部负责国内税务局内部的文秘，文件及函件收发，人事管理，起草政策计划、综合报告等行政管理工作；公司所得税处主要负责公司所得税的申报、评估和日常管理工作；个人所得税处负责个人所得税的申报、评估和日常检查管理工作；货物与劳务税处主要负责货物与劳务税的申报、评估及日常检查管理工作；征收处负责各项税收的征收工作、税款的会计核算和统计工作和欠税的追缴和退税工作；监察部负责调查申报不实和在纳税过程中有违法行为的纳税人及纳税行为，并按规定对纳税申报情况进行审计；法律部负责税收法律案件的起诉、应诉、处罚及其他税收法律关系的处理工作；技术服务部主要负责税务职工培训，遗产税等税收征管中的技术处理，避免双重征税协定的谈判和签约工作；电脑信息服务部负责全国税收管理系统的计算机配置，税务管理软件开发和应用，收集和处理税收信息资料，提供税收信息资料服务。

表 6-1 新加坡国内税务局征收的税

（单位：亿新元）

时期/年	1987	1992	1993	1994	1995	1996	1997
总税额	37.6	89.4	102.7	130.8	139.9	152.8	168.6
所得税	23.4	61.5	68.0	80.6	81.5	88.9	95.3
资产税	7.1	14.7	16.9	17.5	18.4	16.4	24.1
商品和服务税	—	—	—	11.1	16.5	17.6	19.6
印花税	4.1	6.2	9.7	12.8	13.6	18.4	17.0
赌博税和私人彩票税	2.8	7.0	8.1	8.9	10.0	11.4	12.6
其他	0.24	—	—	—	—	—	—

资料来源：《新加坡统计年鉴》1997。

表 6-2 关税和货物税局征收的收入

（单位：亿新元）

时期/年	1987	1992	1993	1994	1995	1996	1997
总额	9.62	15.76	17.21	16.02	16.30	16.82	16.98
关税和消费税	9.32	15.26	16.68	15.61	15.98	16.46	16.70
娱乐税	0.15	0.15	0.16	0.09	0.05	0.05	0.05
影片税	0.04	0.07	0.08	0.04	—	—	—
执照费	0.07	0.09	0.11	0.12	0.12	0.16	0.15
反倾销税	—	—	—	—	0.10	0.20	0.02
其他	0.04	0.19	0.18	0.16	0.05	0.05	0.06

资料来源：《新加坡统计年鉴》1997。

6.1.3 税收征管程序

(1) 纳税登记。

为了有效地控制税源，防止偷税漏税，新加坡税务局要在电子计算机网络系统中为纳税人分类编码，开设纳税账户，对其基本情况进行登记。登记资料的来源主要有两个，一是通过与政府其他经济管理部门如开业注册机构等的计算机联网获取，二是由纳税人自行填报。所有纳税人都要在税务局的电子计算机管理系统中进行登记，从而建立起纳税义务人的纳税档案。到了纳税申报期，税务管理部门的电子计算机管理系统就会自动按编码顺序将应纳税人的年度收入申报表打印出来，然后由国内税务局将申报表邮寄给纳税义务人，以方便其主动缴纳税款。

(2) 纳税申报。

所有纳税人在收到税务局邮寄的年度收入申报表后，不管其本期是否需要纳税，都必须如实、详尽、准确地填写自己的全部收入，并在规定时间内将填写好的表格连同按规定应该加附的，能证明其收入状况的凭据资料一起寄回新加坡国内税务局。如纳税人在规定时间内未收到收入申报表格，应主动向税务机关索取。税务机关在收到纳税人寄回的收入申报表后，即将申报人的申报编码输入计算机，与计算机中记录的纳税申报表进行核对，以查出尚未邮交申报表的纳税人，并自动打印出催报通知单，进行催报。

新加坡税法对不同税种在税收申报时应出具的凭据资料有不同的要求。个人所得税的纳税人在纳税申报时要出具股息凭单、个体经营收支平衡表、雇主出据的收入证明等资料；公司所得税的纳税人要出具经注册会计师签证的资产损益表和资产负债表。在申报个人所得税时，已婚夫妇既可以填写一份“联合收入申报表”，又可以选择单独申报。由于新加坡政府鼓励女性就业，如妻子参加工作，其单独填报可以享受一些税收优惠。

新加坡的纳税申报有严格的法律约束，如果纳税人不在规定时间递交收入申报表或递交虚假的收入申报表，都将受到处罚。

(3) 税款评估。

税务局收到收入申报表后，要对申报的纳税额进行评估。评估方法因税款数额的大小有所不同。对纳税数额不大，申报内容简单的申报表，由一般工作人员审核评估后直接将申报内容和纳税款项存入计算机，然后输出税款评估书，并将其作为纳税通知单邮寄给纳税人；对纳税数额大和申报内容复杂的申报表，要由税务局内专门的税务评估官员来评估税款。

税务评估官员在收到收入申报表后的21天内签发税款评估通知单。税款评估的内容主要包括收入申报表的填写是否符合要求，填报的内容是否全面、准确，出具的凭单资料是否真实齐全等。在对纳税申报表审查完毕后，根据审查结果评定纳税人的应纳税款数额，并将评定后的纳税情况输入计算机，打印后作为税款评估通知书（纳税通知书）寄给纳税人，通知其纳税。

(4) 征税。

纳税人在收到税款评估通知单后的一个月内必须按通知书评定的纳税数额缴纳税款。税务机关可以采取多种方式征税，这些方式主要包括：

①柜台缴纳。纳税人持现金和估税通知书到税务局的纳税柜台上直接缴税；

②邮寄缴纳。纳税人将税款和估税通知书一起通过邮局寄往税务局缴税；

③雇主代缴。税务机关根据纳税人的要求，向雇主发出税款代扣代缴通知单，雇主在雇员的薪金中为其代扣代缴税款；

④电子划转。税务机关在纳税人的委托下，通过电话或电脑通知纳税人的开户银行，在银行账户上直接划转税款；

⑤预扣税款、期末结算。即税务机关按照纳税人的要求或根据税法的有关规定，从纳税人的银行账户、薪金信用卡、或其他收入中预扣税款，到纳税期末结算，多退少补。

(5) 处罚和上诉。

税务机关每天将纳税情况输入计算机，纳税期限（一个月）过后，计算机会自动显示欠税者名单，税务机关根据名单发出催款通知，要求欠税人在规定时间内履行纳税义务。如果超过规定的征税时间，纳税人或税款代扣代缴人仍不按规定缴纳税款，或纳税人有收入申报不实，所附凭据虚假等情况，税务法律机关要根据情况对当事人进行处罚。处罚的形式有警告，罚款，没收财产和追究刑事责任等。

警告是向纳税人发出催税通知单，提醒其履行纳税义务。

罚款是在对纳税人进行警告仍未起作用的情况下，由税务法律机关按规定对纳税人处以一定数额的罚款，罚款金额一般为到期税款的1%，超过60天仍未缴纳税款的，每月加罚1%，最高可加罚到12%。罚款的收缴可以责成纳税人的雇主在其薪金中扣缴，也可以通知纳税人的开户银行，在其存款账户上扣缴。

没收财产是在应缴税款和罚款无法收缴的情况下，税务法律机关向法院提出起诉，法院判决后纳税人仍不缴纳税款和罚款时，法院会判决没收其财产以抵缴应缴税款，并强制执行。

追究刑事责任是对构成犯罪的纳税人，可处以3年以下有期徒刑和1万元以下罚金。

纳税人在收到税款评估通知单或罚款通知单后，如果对通知单有异议，在缴清税款或罚款的情况，30天内向税务法律机关提出投诉，税务法律机关履行检查程序之后对纳税人做出答复，如果纳税人对税务法律机关的答复不服，还可上诉到新加坡高等法院，直至上诉到上诉法庭。

(6) 税收检查。

新加坡的税收检查分为日常检查和专门检查。

日常检查是税务评估官员对税款评估单进行的检查。在检查中，如发现纳税评估有误，要进行必要的修正，然后通知征税部门执行补税或退税。在日常检查中，对纳税人提出投诉申请的，要在接到申请书后检查原来的评估单，并将检查结果以修正通知单或拒绝修正通知单的形式通知投诉人。

专门检查一般是对有税收违法嫌疑的纳税人进行检查，这种检查由税务检查机关根据掌握的情况有针对性地进行。

(7) 退税。

退税是指将由于各种原因多征的税款退还给纳税人的行为。在新加坡，退税主要有两种情况，一是误收退税，即在收入申报或税款评估时多算了收入或税款，后由纳税人提出投诉，或在日常检查中发现申报情况或评估情况有误，经重新评估后确定实收税款大于应收税款，则将多收的税款退给纳税人；二是结算退税，即在采取预扣税款、期末结算方式的情况下，税务机关要将预扣税款中大于应缴税款的部分退给纳税人。

在退税的执行过程中，税务部门首先要在电脑中查看纳税人的纳税档案资料，确定其是否有其他方面的欠税，如有，应将应退税款抵缴欠税，如有余额，可按规定程序核准后发出退税单执行退税。

6.1.4 税制结构与近年改革

(1) 新加坡的税制结构及其演变。

1980 年以前，由于新加坡的经济主要依赖转口贸易，因此，在税制结构中比重最大的是关税和消费税，1960 年和 1970 年，关税和消费税占新加坡税收总收入的比重分别为 45.9% 和 33.3%。随着工业化进程的不断推进，新加坡的产业结构发生了比较大的变化，转口贸易不再是经济结构的主体，其在税制结构中的主体地位逐渐被所得税所取代。从 20 世纪 80 年代到 90 年代初，所得税占新加坡税收总收入的比重一直保持在 40%—50%之间；而在所得税中，又以公司所得税的比重最大，该税在同一时期始终为所得税总收入的 70%左右。这种以公司所得和居民个人所得为主要税收来源的税制结构是建立在较高的所得税税率基础上的，这对资本的正常积累和个人工作积极性的调动产生了明显的负面影响。80 年代中期，新加坡政府开始着手进行税制结构的调整，试图降低公司所得税和个人所得税的税率。1987 年新加坡公司所得税的税率从 1986 年的 40%调低为 33%，下降了 7 个百分点；1993 年以后，公司所得税的税率又分别降为 1993 年的 30%，1994 年的 27%和 1998 年 26%。在调低公司所得税的同时，新加坡政府针对新加坡劳动力资源相对短缺的客观现实，也相应调低了个人所得税的税率，其最低税率和最高税率分别从 1993 年的 3.5%和 33%，下调为 1994 年的 2.5%和 30%，1997 年又进一步下调为 2%和 28%。经过多年的调整，特别是 1994 年实行开征商品劳务税的税制改革之后，新加坡的税制结构发生了一定的变化，商品服务税（Good and services taxes）在新加坡税制结构中占有了一定比重，但所得税在税制结构中仍处于主导地位。

目前，新加坡的税制结构主要由所得税（包括公司所得税和个人所得税），资产税（包括财产税和遗产税），机动车辆税，关税和消费税，印花税，赌博税等组成。1997 年，在 244.4 亿新元的税收收入中，所得税为 114.6 亿新元，占 46.9%；机动车辆税为17.7亿新元，占7.2%；印花税为16.9亿新元，占6.9%；商品服务税为17.8亿新元，占9.0%；关税和消费税为16.8亿新元，占6.9%；资产税为24.0亿新元，占9.8%；赌博税为12.6亿新元，占5.1%；其他税收为24.2亿新元，占9.9%。新加坡税制结构及其变化情况见表6－3。

表6－3　新加坡税制结构及其变化情况

（单位：占税收总收入的%）

年度	所得税①	资产税②	机动车辆税	印花税	关税和消费税	商品服务税	其他
1960	33.9	4.3	2.9	1.6	45.9	—	11.3
1970	29.3	13.7	7.0	2.7	33.3	—	14.0
1980	46.4	13.6	11.9	4.0	16.4	—	7.6
1985	43.3	17.1	9.8	4.5	14.2	—	11.0
1990	47.4	10.7	12.9	6.3	12.6	—	11.7
1991	50.5	10.8	9.7	4.9	11.4	—	12.8
1992	49.9	10.6	10.9	4.4	11.1	—	13.1
1995	44.8	9.4	9.3	7.0	8.2	8.4	12.9
1996	43.5	7.4	11.2	8.4	7.5	8.2	13.8
1997	46.9	9.8	7.2	6.9	6.9	9.0	9.9

资料来源：《新加坡统计年鉴》1997。

注：①所得税包括个人所得税和公司所得税。

②资产税包括财产税和遗产税。

(2) 1994年的税制改革。

新加坡的税收政策和税收制度每年都要根据社会和经济发展

的要求和政府的年度预算目标作一定调整，但近年来调整力度最大的是1994年进行的以开征商品服务税为主要内容的税收制度改革。

如前所述，长期以来，新加坡政府的税收收入过分依赖以公司所得和个人所得为纳税基础的所得税收入（尤其是公司所得税），从而使公司所得税税率在1987年以前长期保持在40%以上，而同期与新加坡经济状况有极大相似之处的台湾、韩国和香港的公司所得税税率则分别为25%，30%和18.5%。过高的公司所得税税率对扩大私人投资规模和私人资本的积累产生了明显的抑制作用，进而对新加坡经济的稳定增长产生了负面影响，因此，从21世纪80年代中期以来，新加坡政府试图下调所得税，特别是公司所得税的税率，并将公司所得税税率下调的长期目标定为25%。为了在公司所得税税率下调的情况下维持政府正常的财政需要，必须寻找新的替代性税种。

1993年，新加坡政府在财政预算报告中确定了税制改革方案，其主要内容是：从1994年起，将公司所得税税率从1993年的30%，下调为27%，个人所得税税率按比例调减（见表6-4），同时开征税率为3%的商品服务税。这一方案看似简单，但它在新加坡税收制度的历史上却有着不同寻常的意义，因为商品服务税的开征，意味着在新加坡税制结构中开始引入间接税，结束了新加坡单纯开征直接税的历史，同时也为新加坡政府调整税制结构，降低所得税在税制结构中的比重创造了条件。1994年实行新税制以后，新加坡的公司所得税和个人所得税税率都有较大幅度的下降，所得税在税制结构中的比重，也从1992年的近50%，下降为1996年的43.5%。

表 6-4 新加坡个人所得税税率 1994 年与 1993 年对照表

应税收入	1993 年		1994 年		减少	
（新元）	税率（%）	税额（新元）	税率（%）	税额③（新元）	%	新元
前 5000	3.5	148.75①	2.5	125.00	1	23.75
后 2500	6	127.50②	5	125.00	1	2.5
前 7500		276.25		250.00		26.25
后 2500	8	170.00	6	150.00	2	20.00
前 10000		446.25		400.00		46.25
后 5000	8	400.00	7	350.00	1	50.00
前 150000		846.25		750.00		96.25
后 5000	9	450.00	8	400.00	1	50.00
前 20000		1296.25		1150.00		146.25
后 5000	12	600.00	11	550.00	1	50.00
前 25000		1896.25		1700.00		196.25
后 10000	14	1400.00	13	1300.00	1	100.00
前 35000		3296.25		3000.00		296.25
后 15000	17	2550.00	15	2250.00	2	300.00
前 50000		5846.25		5250.00		596.25
后 25000	21	5250.00	19	4750.00	2	500.00
前 75000		11096.25		10000.00		1096.25
后 25000	24	6000.00	22	5500.00	2	500.00
前 100000		17096.25		15500.00		1596.25
后 50000	26	13000.00	24	12000.00	2	1000.00
前 150000		30096.25		27500.00		2596.25
后 50000	28	14000.00	25	12500.00	3	1500.00
前 200000		44096.25		40000.00		4096.25
后 200000	31	62000.00	28	56000.00	3	6000.00
前 400000		106096.25		96000.00		10096.25
后 600000	33	198000.00	30	180000.00	3	18000.00

注：①按新加坡税法规定，该部分可获 15%的税收回扣；此为实际纳税额。

②1994 年，允许纳税人从应纳税税额中固定回扣 70 新元。

6.2 所得税制

所得税是新加坡财政收入的主要来源，也是新加坡最重要的税类。它是以纳税人的所得即收入为征税对象的一种税。新加坡所得税的有关法律规定，所有法律上指定的个人（包括居民个人和非居民个人）、公司（包括居民公司和非居民公司）、社会团体的收入都要缴纳所得税。

居民个人是指一年（自然年）中在新加坡境内居住超过 183 天（含 183 天，下同）的个人。在新加坡连续居住超过 3 年的人，可以被认定为新加坡永久性居民。非居民个人是指一个自然年度中在新加坡居住少于 60 天或在新加坡境外连续工作超过 6 个月的个人。

居民公司是指在新加坡注册，并且其主要管理系统设在新加坡境内的公司；非居民公司是指在新加坡注册，但其主要管理系统设在新加坡境外的公司。

团体包括各种政体、法人团体和其他社会性组织。

新加坡所得税的税源基础以本国疆土为界，即所得税的纳税对象是纳税人在新加坡境内产生和发生的收入，以及在新加坡境内收到的境外收入，因此，对非新加坡居民（包括个人和公司）只对其在新加坡境内取得的收入征收所得税，对其在境外取得的收入不予征税。

新加坡的所得税主要有公司所得税和个人所得税两个税种。

6.2.1 个人所得税

（1）纳税人。

个人所得税的纳税人是新加坡的居民个人和非居民个人。这里的居民个人是指在新加坡连续居住或被雇佣超过 183 天的个人；当纳税人一年中在新加坡居住不足 60 天，或在新加坡境外连续工作超过 6 个月，他可以选择非居民个人纳税，从而成为非居民个人。非居民个人在新加坡境内取得的收入与居民个人一样要承担纳税义务，但其境外收入可以不缴纳所得税；对同时即在国内又在国外工作的纳税人，一般规定按居民个人纳税。

(2) 征税对象。

个人所得税的征税对象对居民个人而言是其在新加坡境内取得的收入和在新加坡境内收到的境外收入；对非居民个人而言，则是其在新加坡境内取得的收入。这些收入主要包括纳税人的酬金收入（包括工资、奖金、各种津贴以及其他额外的收入）、养老金收入，年金收入，租金收入，利息收入，专利收入，以及上述项目中未包括但按规定应该缴纳所得税的其他收入。

(3) 税率。

新加坡实行广税基、多级别、低税率的个人所得税制，其目的一是培养公民的社会义务感和纳税意识；二是充分发挥个人所得税在调节个人收入差距方面的功能；三是尽量减少累进所得税抑制人们工作积极性的负面影响。

新加坡对不同的纳税人及不同的情况，采取不同的所得税税率，主要有以下几种情况：

①新加坡对居民个人收入实行 2%—28% 累进所得税税率（详见表 6-5）；

②对在新加坡居住不超过 183 天（包括 183 天）的非居民个人在新加坡境内取得的收入，根据税收从高的原则，实行 18% 的比例税率或 2%—28% 的累进税率；

③对在新加坡从事舞台、广播、电视、体育行业的演员、艺

表 6－5　　个人所得税税率表

（1997 年—）

	应纳税所得额（新元）	税率（%）	应纳税额（新元）
前	5000	2	100
后	2500	2	50
前	7500		150
后	2500	5	125
前	10000		275
后	5000	5	250
前	15000		525
后	5000	5	250
前	20000		775
后	5000	8	400
前	25000		1175
后	10000	8	800
前	35000		1975
后	15000	12	1800
前	50000		3775
后	25000	16	4000
前	75000		7775
后	25000	20	5000
前	100000		12775
后	50000	22	11000
前	150000		23775
后	50000	23	11500
前	200000		35275
后	200000	26	52000
前	400000		87275
后	200000	28	56000
超过	600000	28	143275

资料来源：新加坡国内税务局。

员、运动员及类似行业的非居民个人在新加坡取得的收入，实行15%的比例税率。

新加坡政府对个人所得税率的调整比较频繁，继1994年的较大调整之后，1996年和1997年又分别进行了新的调整，整体趋势是税率不断下降。1998年由于受东南亚金融危机的影响，新加坡经济增长速度减缓，政府为了减轻个人及家庭的税收负担，刺激经济增长，又对个人所得税实行了5%的全面减让（为此政府将减少1.3亿新元的财政收入），从而使新加坡个人所得税的实际税负进一步下降。

(4) 优惠与减免。

新加坡对下列收入给以税收豁免：

一是非居民个人在新加坡境外取得的收入；

二是非居民个人在税收评估的日历年中在新加坡境内工作时间不超过60天所获得的收入（新加坡公司的董事和艺人除外）；

三是非居民个人寄售非新加坡生产的产品所获得的收入；

四是外交人员及友好团体人员的官方收入；

五是军人及战争中为国献身人士及其家属的抚恤金；

六是经许可的有利于提高新加坡经济发展和技术水平的利息、租金、专利费及其他有关收入；

七是一次性丧葬费补贴；

八是政府债券的利息；

九是经批准同意的在亚洲美元市场上取得的利息收入；

十是经批准同意的基金投资收入；

十一是用缴纳公司所得税后的利润分配给股东的红利；

十二是其他允许豁免但上述项目中未包括的收入。

除了对上述收入免税以外，新加坡政府还对家庭、夫妻、孩子、残疾人等实行特别税收减免和额外税收减免。其1998年特别税收减免的主要项目如表 6－6 所示。

表 6－6 个人所得税折扣表

减税项目	减税数额（新元）	减税目的
1. 配偶	2000	鼓励家庭生活
2. 残疾丈夫或妻子	3500	鼓励照顾好残疾眷属
3. 孩子 第一个至第三个孩子 第四个孩子 第五个孩子	 2000（每人） 300（1973.8.1 以前出生） 2000（1988.1.1 以后出生） 300（1973.8.1 以前出生）	鼓励适量生育
4. 残疾孩子	3500	帮助残疾人家庭
5. 适龄生育： 两个孩子在 1990.1.1 以后出生 ①母亲 28 岁以前 ②母亲 29 岁以前 ③母亲 30 岁以前 ④母亲 31 岁以前 ⑤第三或第四个孩子在 1987.1.1 以前出生	 20000 15000 10000 5000 2000	鼓励适龄生育，以提高人口质量。
6. 独立缴税的职业妇女 第三和第四个孩子出生时的额外减免①	所得收入的 15%	鼓励已婚妇女参加工作
7. 分娩费用：第四个孩子在 1988.1.1 以后出生	最多 3000	
8. 父母： 父母 与父母同住 为父母支付中央公积金	 3500（每人） 4500（每人） 6000（每年最高减免税额）	鼓励儿女尽孝
9. 残疾兄弟或姐妹	3500（每人）	帮助残疾人家庭
10. 军人及其眷属： 军人：表现突出 表现一般 军人妻子 军人父母	 2000 1000 500 500	表彰军人及其眷属对国家防卫的贡献

注：①额外税收减免。

每个新加坡公民都可以根据条件申请个人所得税特别减免，在申请个人所得税特别减免时要注意以下规定：

一是特别税收减免的期限为9年，在此期间未被利用的减免额可以抵免以后年度的所得税；

二是累计27年内第二、三、四个孩子的所得税特别减免应连续不断的申请方能有效；

三是夫妻双方的所得税都可以被抵销；

四是夫妻之间的所得税特别减免账户可以互相调剂。

表6-6第6项属于额外税收减免，它只适用于第三和第四个孩子，其减免期限也是9年，并应在18年内连续不断地申请，该项目减免只能用于抵销妻子的所得税，并且不能转移到丈夫的账户上。

如果发生孩子被他人领养或因婚姻关系变更而使养育关系变更的情况，减免优惠即被终止。

（5）非雇员收入所得税。

非雇员收入所得税是对不受雇于任何雇主，自己进行小型商务活动的公民，如出租车司机、小商贩等征收的税，它是个人所得税的组成部分。

非雇员包括单一企业业主和合伙企业业主。单一企业业主在申报个人收入所得税时，以其营业收入为依据申报个人收入。合伙企业的合伙人必须在各自的个人收入所得税中如实申报在合伙企业营业收入中自己所占的份额；第一合伙人还有责任在申报收入时汇报合伙企业的收入、盈利、亏损及其在各个合伙人之间的分配情况。

非雇员的营业收入及其他收入（如利息收入、股息收入及租赁收入）等将与个人所得税同等税率，并参照雇员标准进行税收抵免。

在征收所得税前，可以扣除资本抵免额和其他允许扣除的营业费用，这些费用主要包括：广告费，雇员的薪金，红利和其他津贴，为雇员支付的不超过雇员报酬2%的医疗费用（超过者不予扣除），为雇员支付的中央公积金，租赁支出及为办公发生的费用，各种交通工具的维修及保养费用，各种机器和设备的保养和维修费用，确实无法收回的应收款项等。

以下支出不能在税前扣除：为私人财产支付的利息，缴纳的商品和服务税，自己的薪金和医疗费用，为自己缴纳的中央公积金，自己及家庭的生活费开支，私人车辆的交通费等。

6.2.2 公司所得税

(1) 纳税人。

新加坡公司所得税的纳税人是在新加坡注册的居民公司和非居民公司。按照《新加坡所得税条例》的有关界定，这里的居民公司是指在新加坡注册，主要管理部门设在新加坡，并在新加坡境内履行主要经营管理职能的公司；非居民公司是指在新加坡注册，但其主要的经营管理职能在新加坡境外履行的公司。居民公司与非居民公司在新加坡境内发生的收入，承担相同的纳税责任，但居民公司享有两项非居民公司不能享有的税收优惠：一是根据《新加坡所得税条例》第44部分的规定，居民公司以股息形式分配的累积利润，可享受免税优惠；二是根据新加坡与其缔约国签定的《避免双重征税协议》，只有居民公司享有避免双重征税的待遇。

(2) 征税对象。

公司所得税的征税对象是纳税人在新加坡境内产生的所得和在新加坡境内收到的境外所得。这里的公司所得，是指公司经营收入减除允许扣除的支出和资本折扣、经营损失以及经许可的捐款后的净利润。

● 可以扣除的支出和费用。

根据《新加坡所得税条例》的规定，在确定应纳税所得额时，可以扣除为产生收入而花费的支出和费用，但这些支出和费用必须满足两个条件：一是必须是已经发生和实际发生的支出和费用；二是必须是专门或全部为取得收入而支付的支出和费用。这些支出和费用主要有：

①生产经营贷款的利息；

②为生产经营而租借房屋建筑物和使用土地而支付的租金；

③房屋、建筑物、机器设备等的维修费用；

④按有关规定支付的抚恤基金或公积基金；

⑤非居民公司的境外总部费用中的合理部分；

⑥法律许可支付的宗教会费；

⑦死账、呆账和疑账（这些账户上的收入一旦收回，作收入处理）；

⑧为取得收入而实际发生的费用。

● 不能扣除的支出和费用。

①不是全部或专门为获得某项收入而支付的支出和费用；

②公司开始营业前发生的业务费及其他费用；

③家庭或个人的开支；

④业主家庭成员的超额报酬；

⑤任何从经营中撤出的投资资本或用作投资资本的资金；

⑥非盈利性资产或基金的利息；

⑦根据合同可以收回的任何基金（如保险金、赔偿金等）；

⑧已经支付的所得税；

⑨对任何非许可的基金支付的款项；

⑩其他按规定不允许扣除的支出和费用。

● 双重扣除。

所谓双重扣除是指在评估纳税收入时，纳税人可以从其收入中扣除双倍的支出，它表示政府在税收上对某些经济活动的鼓励和优惠。享受双倍扣除优惠的支出主要有：

①出口商品的产品推销支出，包括广告费、信息费等；

②发展海外市场的支出，包括出口商参加批准的海外贸易洽谈会、展销会等的开支；

③经国家有关机构批准的研究与开发支出，包括出口商用于拓展海外市场的研究开发费用等开支；

④对外直接投资的新加坡企业在建立发展项目时的行政办公费用、可行性研究费用，谋求海外发展的咨询和法律费用等。

● 资本折扣。

资本折扣是指能在公司所得税前扣除的资产价值。它主要包括以下折扣：

①对工业用房的折扣。

建筑或购买新厂房可以享受建筑成本25%的初始折扣。购买旧厂房不能享受初始折扣；使用中的厂房享受3%的年度折扣。初始折扣和年度折扣均以建筑成本或购买价的低者计算。当厂房以低于扣除资本折扣后的账面余值处理或出售时，可享受结算调整折扣，折扣金额为处理或出售价格与账面价值的差额。以上折扣只适用工业生产用房，非生产用房，如办公室、住宅、零售商店等不能享受上述折扣。

②对种植园的折扣。

种植园的资本支出（包括房屋、建筑物的建筑成本，土地清理费用和种植费用）可以享受每年10%的资本折扣。

③机器设备的折扣。

机器设备可采取标准折扣和加速折扣等方法进行资本折扣。

标准折扣包括初始折扣和年度折扣，折扣额是购买成本的20%；年度折扣根据剩余80%的设备成本和使用寿命的一定比率计算。

对除机动车以外的所有机器设备可以用加速折扣代替标准折扣。

采用标准折扣方法可以在规定的机器设备使用期内逐年提取折扣，使用加速折扣方法必须连续3年将折扣提取完毕。

对1982年3月31日以后登记注册的商业经营性机动车辆，其最高折旧成本为3.5万新元；非商业经营机动车辆不享受任何税收折扣。

④购买专利权或发明权的折扣。

公司购买经有关机关认可的专利权或发明权，每年可就其因购买发生资本支出的20%享受资本折扣，从支出发生所在评估年开始，连续提取5年。

⑤公司亏损的处理。

公司由于亏损或利润不足而不能足额提取资本折扣，其尚未提取的资本折扣可以推迟到以后年度提取，未冲销的亏损也可以在这些年份的法定收入中冲销，条件是在亏损年里，公司董事结构不发生超过50%的大变化。如果因为纯粹的经营原因而非纳税原因使董事结构发生了较大变化，税务机关可以允许其在以后的相同业务利润中提取或抵销尚未提取或冲销的资本折扣或亏损。

● 投资津贴折扣。

凡是实施以下任何一项业务计划的公司，都可以就其因实施这些计划而安排的固定资产支出享受投资津贴向财政部提出申请，并将其在应税所得额中扣除。这些业务计划主要包括：

①生产或增产某一产品；

②提供机械或技术的专业服务；

③研究和发展新的技术和产品；

④降低水资源及其他自然资源的消费量；

⑤从事任何一个与新兴劳务公司的业务相同的业务；

⑥除旅馆业外的促进新加坡旅游业发展的业务。

在财政部批准其享有投资津贴待遇时，将向申请投资津贴的企业发放证书，并在证书中写明特准的业务计划，投资有效期，投资津贴数额，以及与投资津贴有关的附带条件等。

投资津贴扣除额按以下方法计算：

$$\text{投资津贴额} = \text{财政部根据企业的申请所确定的百分比（不超过50\%）} \times \text{经财政部核定的固定资本支出额}$$

投资津贴扣除的期限一般为自投资日开始的 5 年以内，但如果企业从事与新兴劳务公司相同的业务，则其扣除期限可以延长到 10 年。在扣除期间或扣除期满后的两年内，企业不得出售或出租享受投资津贴的固定资产。

(3) 税率。

新加坡公司所得税实行比例税率，下面是其公司所得税税率的历史变化情况：

1986 年以前：	40%
1987—1989 年	33%
1990 年	32%
1991—1992 年	31%
1993 年	30%
1994—1996 年	27%
1997—	26%

(4) 减免优惠。

● 对新兴工业和新兴劳务公司的税收优惠。

①对新兴工业的税收豁免。

所谓新兴工业是指技术和工艺领先，发展前景广阔，符合公共利益，其产品为经济发展急需的工业。经批准为新兴工业的企业，其产品为新兴产品，可以享受5—10年的税收豁免。但在免税期间，新兴公司不得进行与新兴产品无关的其他经营活动；如必须进行，则要分立账户，分别核算，其他业务不得享受税收豁免优惠。

新兴公司在免税期间的免税所得额必须扣除厂房和机器设备的折旧，尚未扣除的折旧余额，可带到下一个税务年度扣除。

在以下两种情况下，可以豁免扣除折旧：

一是新兴公司的固定资本支出在10亿新元以上；

二是新兴公司的固定资本支出在1.5亿—10亿新元之间，并且其股本的50%为新加坡居民所拥有。

新兴公司从免税所得中分配给股东的股息和红利同样豁免所得税。

新兴公司在免税期间发生的亏损，必须在免税所得中扣除。免税期过后而扣除的亏损余额，可在免税期后的公司利润中扣除。

②对新兴劳务公司的税收豁免。

新兴劳务公司是指经有关部门批准，并从事下列服务业务的公司。

一是任何机械与技术上的咨询、顾问，研究与发展活动；

二是电脑咨询服务及其他与电脑有关的服务；

三是工业技术设计、制图等服务；

四是属于财政部列出的其他服务。

新兴劳务公司的其他税收豁免规定，与新兴工业相同。

● 对高新技术产业和高新技术应用的税收优惠。

新加坡对那些有利于推动国家经济发展的高科技、高技术产业，以及投资大，技术工艺复杂的产业一般给予 5—10 年的免税照顾。

对在生产设备上追加投资 1000 万新元以上、以扩大生产能力的企业，其投资后取得的收入超过投资前收入的部分，免征不超过 5 年的所得税。免税所得的计算方法如下：

免税所得＝生产能力扩大后的应税所得－扩大前 3 年的平均应税所得

企业用免税所得分给股东的股息，同样豁免所得税。

从事高新技术的研究与开发的行业，可以享受 20％的税收折扣，但其税收折扣需在 3 年内用于研究和开发，否则将收回剩余税款。

● 对交通运输业务的税收减免。

新加坡将交通运输业看成国内经济和对外经济和贸易发展的润滑剂和最重要的条件之一，在税收政策上有选择地给予其减免优惠。在 1998 年的预算案中，新加坡政府决定从 1999 年估税年度开始对非居民船运公司及符合有关规定要求的居民船运公司的货运收入免征所得税，同时对在新加坡拓展业务达到一定规模的国际船舶代理公司、船舶管理公司的增量收入，实行不低于 10％的税率折让；此外，为了促进保险公司开展对海洋货物运输的保险业务，对承保出海船只的船体、货物责任险的保险业务收入免征 10 年的所得税。

● 对外向型经济的税收减免。

新加坡政府除了对出口商品和对外投资给予纳税收入双重扣除的优惠外，对与其他亚太国家合资发展的企业有特别的税收优惠政策，即从 1994 年起，这类合资企业的资本收入在 10 年内可以免税；同时，一些获得经济发展局特别批准的投资海外的企业，其在海外获得的收入也可以免税。

● 对外国投资，其他外来资金及对外投资的税收减免。

新加坡政府对外国投资和进入新加坡的外国资金，以及新加坡的对外投资实行长期优惠的税收政策，具体减免项目如下：

①在新加坡的外资企业在政府批准的银行或亚洲货币市场所获得的存款利息收入和债券利息收入免缴所得税。

②在新加坡国际货币交易所（SIMEX）从事期货和期权交易所获得的收入免征所得税。1984 年 SIMEX 成立以来，这一规定即开始生效，当时的免税期限是 5 年；1988 年和 1993 年政府曾两次延长免税期，1998 年再次将免税期延长到 2003 年。

③新加坡银行在亚洲美元市场中的亚洲货币单位活动中获得的收入，享有 10% 的税收折扣。新加坡境内的金融机构，在安排和参加提供给非居民借款者的，以外国货币表示的联合贷款时，其所得收入全部免税。从 1998 年 4 月 1 日起，对新加坡居民公司向新加坡境内金融机构联合贷款进行对外投资的，其在境外取得的收入比照上述规定执行。

④为海外项目从事咨询的公司，如果其咨询收入超过 100 万元，则其超过部分享有 50% 的税收减免。

● 对国内金融业务的税收减免。

新加坡独立以后，金融业作为一个新兴行业，其发展一直得到政府税收上的支持。特别是 1998 年面临东南亚金融危机的挑战，新加坡政府又出台了一些对金融业的税收减免政策：

①对基金的税收减免。

根据新加坡“基金管理税收减免方案”的有关规定，政府批准的基金管理者，其经营非居民资金的佣金收入享受 10% 的优惠税率；管理非居民资金达到 50 亿新元的基金管理者，其收入超过上一年度的增量部分享受 5%的优惠税率；管理非居民资金达到 100 亿新元的，其所得收入全部免税。

②对债券市场的税收减免。

一是在国内经营债务性有价证券（包括承购和分销）的新加坡金融机构，其所得佣金收入免征所得税（适用于自 1992 年 2 月 28 日起 5 年内发行的债务性有价证券）；

二是购买由新加坡金融机构经营的债务性证券的企业，其利息收入享受 10%的优惠税率（适用条件同上）；

三是新加坡金融机构在买卖债务性有价证券的经营收入享受 10%的优惠税率（从 1998 年 2 月 2 日起生效，为期 5 年）。

③对银行存款准备金的税收优惠。

1991 年新加坡实行了一项旨在鼓励银行提高存款准备金水平，以预防意外损失的税收优惠措施（即银行每年都可以对它们所提取的存款准备金申请税收扣除减免），但得到税收扣除的准备金不得超过实际利润的 25%，或者不超过有效投资或贷款的 0.5%（依两者中较低的为准），同时又规定，银行积累的准备金总计不得超过贷款或投资的 3%，超出部分不予免税。1998 年，新加坡政府取消了税收扣除中的限制，目的是鼓励银行尽可能多地提取存款准备金，以应付金融危机对新加坡金融秩序的破坏性影响。

④对风险投资行业的税收优惠。

80 年代中期新加坡政府实行了一项促进风险投资业发展的税收优惠政策，即风险金的交易所得，以及某些投资的资本利得可以享受最长期限为 10 年的免税照顾。鉴于 10 年的免税期限限制了成熟期或回收期超过 10 年的投资基金的获利水平，因此新加坡政府决定，从 1998 年开始，在 10 年免税期的基础上对风险投资基金业再实行5年10%的优惠税率照顾。

6.2.3 避免双重征税和预扣税

(1) 避免双重征税。

新加坡避免双重课税的方法主要有两种：一是单方面减免税收；二是协定减免税收。

单方面减免税收主要适用于与新加坡有税收互惠减免的英联邦国家，主要有两种情况：

一种适用于新加坡公民，即如果纳税人在英联邦国家已经纳税，并且其税率不及新加坡税率的一半，则在英联邦国家缴纳的税收都给予减免；如果英联邦国家的税率在新加坡税率的一半以上，减免后的税率为新加坡税率的一半。

另一种适用于非新加坡居民，即如果英联邦国家的税率低于新加坡税率，减免英联邦国家税率的一半；如果英联邦国家的税率高于新加坡税率，则减免英联邦国家税率与新加坡税率的差。

协定减免税收是通过与其他国家签定避免双重征税的协议，据此对涉及本国税收的对方居民（个人或公司）给予一定税收减免的方式。1997年，新加坡已经与包括中国在内的34个国家签定了避免双重征税的协议。

(2) 预扣税。

预扣税是预先在纳税人的收入中扣除的税款。它的目的是防止税款在征收中流失，保证税收的稳定和及时。

新加坡的预扣税政策主要对非居民个人或公司实行，因为非居民的经营活动主要在境外进行，并且有比较大的流动性，如果对他们征税按正常程序进行，可能会出现拖欠税款、甚至税款流失的情况。因此，新加坡政府规定，非居民个人或公司在取得产生于新加坡境内的收入时，必须扣除一定金额作为预扣税。

对非居民的预扣税一般从纳税人在新加坡取得的收入中扣除，这些收入主要包括：

①利息、佣金、费用及与贷款或债务有关的其他支付；

②特许权使用费、产权转让费、商业信息费及与在新加坡提供的技术援助有关的技术援助费等。

③为管理商业、贸易或其他专业而支付的管理费或协助费用；

④为使用动产而支付的租金或其他款项；

⑤支付给非居民董事的应税报酬，等等。

个人或法人在将上述款项支付给非居民时都要依法计提 26%的预扣税，并在费用支出后的 7 天内将预扣税款汇缴纳税部门。过期不缴者，将处以应纳预扣税金额 5%的滞纳金罚款；滞纳期超过 1 个月以上的，每月附加罚款 1%，罚款最高不超过预扣税额的 20%。

6.3　商品税税制

新加坡的商品税主要有商品和劳务税和关税和消费税。

6.3.1　商品和服务税

商品和服务税（GST）是对纳税人在生产经营过程中，在新加坡国内生产和提供的商品和服务，以及进出口货物征收的一种税。它是从 1994 年 4 月 1 日税制改革后开征的新税种，1997 年，新加坡的商品和服务税为 17.88 亿新元，占税收总收入的比重为 8.2%。

(1) 纳税人。

商品和服务税的纳税人是在新加坡境内生产、销售以及提供应税产品和服务的企业和个人。

商品和服务税属于一种消费税，其税收负担的最终承担者是应税产品和服务的最终消费者。

(2) 征税对象。

商品和服务税的征税对象是纳税人在新加坡国内生产和提供的商品和服务的附加价值，即商品和服务的营业收入扣除其已经征税的部分的余额。

为了避免重复征税，新加坡的商品和服务税仅对应纳税产品和服务价值中的增加值征税。在计算应纳税额时，需从纳税人的营业收入中扣除发生在生产经营过程中购买原材料等方面的已纳税款，纳税人必须清楚地记录其购买原材料等产品时的纳税情况，以向政府的纳税机关申请已纳税扣除。具体扣除过程见表6－7。

表6－7　商品和服务税已纳税款扣除示意表

纳税人	不含GST的产品营业额（元）	税率	前期已经缴纳的GST（元）	应税产品中的GST（元）	本环节实际应征收的GST（元）
原材料供应商	1000	3%	0	30	300
生产商	3000	3%	300	900	600
批发商	5000	3%	900	1500	600
零售商	8000	3%	1500	2400	900
应纳税款总计					2400

(3) 免税营业收入。

新加坡对以下两类商品和服务的营业价值免征商品和劳务税，一是销售和出租住宅商品的营业价值；二是金融资产销售所取得的营业收入。此外，纳税人营业收入中低于100万新元的部分，也属于免税营业收入。免税营业收入不承担缴纳商品和服务税的义务，也不能从纳税人的营业收入中作为进项税额扣除。

如果纳税人在新加坡生产和提供应税产品的营业额超过或预计会超过100万新元，就必须到纳税机关登记纳税。在这里，营业收入是否超过100万新元，是根据纳税人过去12个月或将来12个月的收入来确定的，如果在第三季度进行纳税登记时，纳税人的营业额已经超过100万新元，但由于各种原因，预计第四季度其营业额会少于100万新元，纳税人可以在规定时间内向纳税机关提出申请，在得到其批准的情况下可免予征税。

(4) 应税营业额的确定。

对不同的经营形式，其应税营业额的确定方式也不相同，大致有以下几种情况：

①独资经营者。

独资经营的纳税人的应税营业额，包括在其名下注册的所有业务的营业收入，当这些营业收入超过100万新元时，必须登记纳税。

②合伙经营者。

合伙经营的纳税人的应税营业额，包括所有合伙人的营业收入加总。当这些收入加总超过100万新元时，必须登记纳税。

③公司经营者。

公司经营者是独立的法人实体，其应税营业额按每个注册分公司的营业收入单独计算，超过100万新元的就要登记纳税。

④业务转移时的营业额确定。

当经营业务从一个纳税人向另一个纳税人转移时，纳税人的应税营业额是其过去的营业收入与新业务的营业收入之和。

(5) 税率。

商品和劳务税的税率为3%的比例税率；此外新加坡对出口商品实行零税率。以上税率从1994年4月1日起执行至今。

(6) 纳税注册。

凡是符合税法规定的纳税人都要在规定时间内进行纳税注册登记。注册可以是个人注册，也可以是集体注册。如果两个或两个以上的纳税义务人都是新加坡居民，并且他们中的任何一个在新加坡都没有业务地址，在向有关纳税机关提出申请并获得批准后，他们就可以申请在一个名下进行集体注册。

营业额小于 100 万新元的纳税人可以申请免于纳税注册。

如果纳税人已经停止生产或提供应税产品和劳务，他可以在停止业务的 30 天内报告纳税申报机关，并填写撤销注册申请表，申请免予纳税，但免税的执行，必须在纳税机关认可之后。

(7) 征税部门。

商品和劳务税的征税部门是新加坡国内税务局和关税和消费税局。国内税务局负责征收国内的商品和服务税；关税和消费税局负责征收进口商品的商品和服务税。对承担关税责任的商品，商品和服务税由海关和国产税局与关税和消费税一并征收。

为了鼓励出口，新加坡对出口商品的商品和服务税实行零税率。但出口商品一旦转入国内市场销售，其贸易额应视同国内产品依法纳税。

6.3.2 关税和消费税

(1) 征税范围。

新加坡是一个外向型经济国家，属于基本没有关税的自由港。因此，新加坡对出口商品不征收任何关税，对进口商品的关税也仅局限于一些特殊的商品，如酒类、烟草制品、机动车辆、石油产品等。

(2) 税率。

新加坡的关税和消费税主要有两种税率形式：一是按应税产

品价值的一定比率征收的比例税率（绝大部分商品适用这种税率）；二是以应税商品的重量或其他数量为单位征收的固定税率。

新加坡进口关税的税率见表6－8。

表6－8 关税和消费税税率表

产品	关税和消费税税率	产品	关税和消费税税率
液态无味酒精制剂	每升酒精＄70	白兰地46°以下	每升＄30
其他状态的无味酒精制品（粉状、糊状）	每公斤＄65	白兰地46°以上	每升酒精＄70
液态有味酒精制剂	每升酒精＄70	威士忌，46°以下	每升＄30
其他状态的无味酒精制品（粉状、糊状）	每公斤＄65	威士忌，46°以上	每升酒精＄70
烈性黑啤酒及黑啤酒	每升＄3.10	朗姆酒及印度群岛的塔菲亚酒，46°以下	每升＄30
啤酒及淡色啤酒	每升＄2.80	朗姆酒及西印度群岛的塔菲亚酒，46°以上	每升酒精＄70
汽酒（2公升及以下）	每升＄13	荷兰杜松子酒，46°以下	每升＄30
无气体酒（2公升及以下）	每升＄9.50	荷兰杜松子酒，46°以上	每升酒精＄70
葡萄酒（2公升以下）	每升酒精＄70	伏特加，46°以下	每升＄30
葡萄酒（2公升以上）	每升酒精＄70	伏特加，46°以上	每升酒精＄70
其他葡萄酒	每升酒精＄70	热酒和甘露酒，57°以下	每升＄30
苦酒及其它风味的葡萄酒（2公升及以下）	每升＄9.5	烈酒和甘露酒，57°以上	每升酒精＄70
苦酒及其它风味的葡萄酒（2公升及以上）	每升＄9.5	苦啤酒及类似饮料，57°以下	每升＄30
苹果酒及梨酒	每升＄3.30	亚力酒及菠萝酒	每升酒精＄25
米酒	每升酒精＄36.00	其它含酒精的饮料	每升酒精＄70

续表

产　品	关税和消费税税率	产　品	关税和消费税税率
混合酒，酒精含量在0.5°－1°之间	每升$1.00	蜂蜜酒及其它饮料	每升$70
混合酒，酒精含量在1°－3°之间	每升$1.10	乙基酒精，80°	每升酒精$70
未去茎的，弗吉尼亚型的烟叶	每公斤$70	未去茎的，其它型的烟叶	每公斤$70
部分去茎的，弗吉尼亚型的烟叶	每公斤$70	普通汽油（无铅）	46%或$4.90
部分去茎的，其它型的烟叶	每公斤$70	其他汽油（含铅）	每10升46%+$0.78或每10升$6.80
烟叶渣滓	每公斤$70	其他汽油（无铅）	每10升46%或5.40
雪茄烟，方头雪茄烟及小雪茄烟	每公斤$130	8人及以下的雪地车及高尔夫车（含司机）	41%
香　烟	每公斤$130	排量在1000 CC以下，乘8人及以下（含司机）的燃汽油客车	41%
用烟草替代品制成的纸烟	每公斤$130		
旱烟，板丝烟	每公斤$130	排量在1000 CC—1500 CC，乘8人（含司机）的燃汽油客车	41%
香烟的烟丝	每公斤$70		
其他烟丝	每公斤$70	排量在1500 CC—3000 CC，乘8人（含司机）的燃汽油客车	41%
均质烟草	每公斤$130		
小香烟	每公斤$26	排量在3000 CC以上，乘8人及以下（含司机）的燃汽油客车	41%
鼻烟	每公斤$130		
无烟烟草（咀嚼/吸）	每公斤$14	排量在1500 CC以下，乘8人及以下（含司机）的燃柴油客车	41%
其他烟制品	每公斤$130	排量在1500 CC—2500 CC，乘8人及以下（含司机）的燃柴油客车	41%
不另作规定的烟草制品	每公斤$130		

续表

产 品	关税和消费税税率	产 品	关税和消费税税率
特制汽油（含铅）	每 10 升 46% + $0.78 或每 10 升 $7.10	排量在 2500 CC 以上，乘 8 人及以下（含司机）的燃柴油客车	41%
		乘 8 人及以下（含司机）的其他客车	41%
特制汽油（无铅）	每 10 升 46% 或 $5.70	带发动机的客车底盘	41%
普通汽油（含铅）	每 10 升 4.6% + 0.78 或每 10 升 $6.3	客车车体	41%
排量在 50 CC 以下的踏板摩托车	12%	排量在 50 CC 以下的摩托车	12%
其他排量在 50 CC 以下的摩托化踏板车	12%	排量在 500CC—800CC 之间的摩托车	12%
排量在 50 CC—250CC 之间的摩托车	12%	排力在 800CC 以上的摩托车	12%
排量在 50CC—250CC 之间的踏板摩托车	12%	其他摩托车	12%
排量在 50CC—250CC 之间的其他摩托化脚踏车	12%	其他踏摩托车	12%
排量在 250 CC—500 CC 之间的摩托车	12%	其他摩托化脚踏车	12%

（3）关税和消费税的征收情况。

关税和消费税由新加坡关税和消费税局负责征收。1997 年，新加坡的关税和消费税达到 16.8 亿新元，占财政收入和税收收入的比重分别为 5.5% 和 6.9%。各种商品提供的税收依次为：汽油 6.15 亿新元，占 36.6%；烟 4.05 亿新元，占 24.1%；酒 3.59 亿新元，占 21.4%；机动车辆 2.89 亿新元，占 17.2%；其他 0.12 亿新元，占 0.7%。关于新加坡近年来关税和消费税的情况见表6-9。

表6-9 关税和消费税税额表

（单位：亿新元）

年	总额	汽油	烟	酒	机动车辆	其他
1987	9.32	3.35	2.15	2.19	1.14	0.49
1992	15.26	5.58	3.36	2.83	3.01	0.52
1993	16.68	5.85	3.40	2.81	4.16	0.46
1994	15.61	5.65	3.27	3.02	3.75	0.08
1995	15.98	5.63	3.48	3.13	3.69	0.05
1996	16.46	5.87	3.94	3.27	3.40	0.02
1997	16.70	6.15	4.05	3.59	2.89	0.02

资料来源：新加坡关税和货物税局。

6.4 资产税

新加坡的资产税包括财产税和遗产税，它是新加坡的主要税种之一。1997年，新加坡的资产产税为24亿新元，占新加坡税收收入的比率为9.8%。

6.4.1 财产税

财产税是对新加坡境内的不动产的年价值征收的一种税。

(1) 纳税人。

财产税的纳税人是应纳税不动产的所有者。这里的不动产包括出租的公寓、房屋、商店、办公室、厂房及土地。

(2) 征税对象。

财产税的征税对象是不动产的年度价值。

一般财产的年度价值以财产出租一年所能带来的合理租金为依据确定；土地的年度价值规定为该土地市场价格的 5%；不管财产是出租还是自己使用或未被使用，都按相同的标准和办法确定其年度价值。

财产的年度价值由税务部门比照类似财产的租金估计确定。年度价值确定后，国内税务局将向纳税人寄送财产估价通告，纳税人如果对估算的财产价值有异议，可以接到通告后的 21 天内提出异议。

（3）税率。

财产税的税率为比例税率。其中对自己占用的不动产适用 4% 的比例税率；对其他不动产实行 12%（1995 年以前为 15%，1995 年调整为 13%，1996 年调整为 12%）的比例税率。

（4）财产税抵扣。

年度价值低于 10000 新元的不动产，可以得到财产税抵扣。抵扣额视财产的年度价值从 25 新元到 150 新元不等（见表 6－10）。

表 6－10　　财产税抵扣表

财产年度价值（新元）	税收抵扣额（新元）
1—5000	150
5001—6000	125
6001—7000	100
7001—8000	75
8001—9000	50
9001—9999	25
1000 及其以上	0

资料来源：新加坡国内税务局。

(5) 退税和减免税。

在下列情况下，纳税人可以申请退税：

①至少在 30 天或一个月未被占用的财产，纳税人可以就闲置期申请退税；

②虽经努力仍无法以合理的租金出租的建筑物；

③正在进行维修的建筑物；

④正在开发的土地。

如果需要申请退税，纳税人必须在每年的 11 月 15 日之前计算出不动产从上年的 11 月 1 日到本年度 10 月 31 日期间符合规定的闲置时间，并填写退税申请表，经税务部门审查批准后执行退税。

新加坡财产税的免税对象主要有：

①社会公益活动的场所，如宗教场所、公益学校或进行慈善活动的场所等。

②不发达地区的土地。

对不发达地区的土地免征财产税的政策从 1985 年开始实行，1996—1997 年曾一度中止，1998 年恢复执行，免税期限最高为 5 年。

(6) 财产税的缴纳。

新加坡的财产税每半年缴纳一次，缴纳时间是每年的 1 月和 7 月。纳税人可以在每年的 1 月份一次性缴纳全年的应纳税款，也可以在 1 月和 7 月分别缴纳。缴纳方式包括直接转帐，支票缴纳，现金缴纳等。

6.4.2 遗产税

(1) 征税范围。

遗产税是对新加坡居民逝世前遗留的和在逝世前 5 年内馈赠

的全部财产征收的税。对新加坡公民来说，遗产税的征税范围包括其在新加坡的所有财产（动产和不动产）以及在新加坡境外的所有动产；对在新加坡居住的非新加坡公民来讲，遗产税只对他们在新加坡境内的财产（包括动产和不动产）征收。

财产所有者在逝世前 5 年内馈赠的财产，也属于遗产税的征税范围，但对赠给慈善事业和公益机构的财产，则仅对其逝世前 1 年的馈赠财产征税。

（2）税率。

遗产税执行两档税率：1996 年以前对应税财产价值在 1000 万新元以上的，适用 10%的税率；1000 万新元以下的适用 5%的税率；1996 年为了抵销通货膨胀及资产增值的影响，新加坡政府决定将适用 5%税率的 1000 万新元的限额调高到 1200 万新元，即应税财产价值在 1200 元以上的适用 10%的税率，1200 元以下的适用 5%的税率。

（3）扣除与豁免。

①在 1996 年 2 月 28 日及其以后逝世的财产所有者，其住宅财产价值在 900 万新元以下的可以免税。

②捐献给中央公积金或财政部限定的公益性基金的财产可以免税。

③财产所有者逝世后，其未提取的中央公积金余额超过 60 万时，除了具有免税条件的住宅财产外，其他财产不具有免税待遇；如果中央公积金余额不超过 60 万新元，动产和中央公积金余额的最大免税额是 60 万新元。

④遗产如果属于居住用途的房地产，其 3 万元以内的部分可以豁免遗产税。

6.5 其他税收

6.5.1 印花税

(1) 征收范围。

印花税是对不同种类的商业和法律票据征收的税。这些票据主要包括：在新加坡履行的合同、协议等法律文件；在新加坡境内接受、转让的由境外签发或出具的支票和本票；在新加坡境外履行的与新加坡境内的财产或行为有关的支票、本票以外的法律文件或协议；在新加坡境内收到的任何支票或本票以外的法律文件或协议；公司股份转让中的购买方按股份转让金额缴纳印花税(在新加坡证券交易所电子交易系统自动成交的除外)。

(2) 税率。

新加坡的印花税根据征税对象的不同种类设计不同的税率，具体情况如下：

①宣言书和法律宣言，每份 2.00 新元；

②支票和本票，每张 1.00 新元；

③转让或转移财产。

●转让股票或其它有价证券，每 100 元及其以下的，由购买方缴纳 0.2 新元（在新加坡证券交易所电子系统中的转让除外)；

●在家庭内部转让建屋发展局住屋的文件，其印花税最多不超过 10 新元；

●房地产转让的税率。

新加坡政府在 1996 年对房地产转让的印花税税率做了调整，调整前后的税率对照表如表 6－11 所示。

④财产抵押的印花税。

表 6-11 房地产转让的印花税税率表

	转让财产价值（新元）	税 率
1995 年及其以前	90000 以下	1%
	90000—150000	2%
	150000 以上	35
1996 年及其以后	180000 以下	1%
	180000—360000	2%
	360000 以上	3%

对不超过 1000 新元的财产进行的担保抵押，征收 4.00 的印花税，以后每 1000 元或 1000 元以下的，征收 5.00 新元；转让或处理总额在 500 新元以上的抵押、契约和债券，可抵押印花税的一半，但对总额不超过 500 新元的，统一征收 10 新元的印花税。

对抵押财产的再转让担保，担保收益或担保现金的再转让，转让协议的免除和放弃等，如果担保财产或现金的总值不超过 1000 新元，征收 1 新元的印花税；1000—10000 新元征收 3 新元的印花税；超过 10000 元的征收 10 新元的印花税。

⑤财产租赁。

1996 年以前，新加坡对租赁期少于 1 年的土地，征收 0.8% 的印花税（以年租金为基础）；租赁期在 1—3 年的，印花税税率为年租金的 1.6%；超过 3 年的年租金 3.2%。为了降低财产租赁的经营成本，1996 年新加坡政府将租赁印花税调低了一半，其税率表如 6-12 所示。

(3) 1998 年对印花税的调整。

为了减轻企业和个人的支出负担，新加坡政府决定，从 1998 年 2 月 28 日起，除了有关股票和不动产的凭证外，对所有其他凭证均取消印花税。

表 6-12 新加坡租赁印花税税率表

租赁期	税率%	
	1995 年	1996 年
1 年以下	0.8	0.4
1—3 年	1.6	0.8
3 年以上	3.2	1.6

资料来源：新加坡政府 1996 年预算案。

6.5.2 私营彩票税

私营彩票税是对由私人俱乐部和社会团体发行的彩票所征收的税。其税率是发行彩票总收益的 30%。

6.5.3 赌博税

赌博税（Betting Duties）是对法律允许的赌注性经营场所的业务收入征收的税。赛马场的税率为 12%；其他赌注行业的税率为 25%。

6.5.4 水保护税

水保护税（Water Conservation Tax）是为了节约水资源，对水使用者征收的税。其征税对象是纳税人所消耗的水的价格。税率为：

（1）每月消耗 1—20 立方米，税率为 10%；

（2）每月消耗 20—40 立方米，税率为 20%；

（3）每月消耗 40 立方米以上，税率为 25%。

第7章 新加坡的社会保障制度

7.1 社会保障制度的基本框架

新加坡的社会保障制度和其他一些由政府支付全部或大部分社会福利开支的国家不同。新加坡社会保障制度的基本框架是以下列4个层面为基础建构的：

第一层次，个人。

每个人都必须通过缴纳公积金为自己的将来而储蓄，通过不间断的勤奋工作以增加自己的财产；雇主一般也都为他们的雇员支付大部分医疗费，以及补偿雇员在工伤时的损失，雇主也为雇员缴纳公积金；自雇者也必须为自己缴纳公积金。新加坡倡导自力更生、自食其力的精神。公积金会员即使达到了退休年龄，如果身体健康，当局都会鼓励他们继续工作。会员的公积金存款也能应付日常生活开支，完全不必屈辱地靠福利救济金生活。“自力更生、自食其力”地度过退休生活，而不靠未来一代的慷慨照顾，是新加坡社会保障制度的重要特征，也是社会所推崇的优良价值观。可以说，个人保障是新加坡社会保障体系中的第一道防线。

第二层次，家庭。

在个人保障层次失败时，鼓励家庭成员间通过公积金计划互相支持帮助，以照顾幼者和年长者，每位成员应视此为自己应尽的责任。

如同一个大家庭一样，多数的公积金计划都涉及三代人，公积金会员不仅可以照料自己、他们的配偶、子女和父母，甚至兄弟姐妹之间在需要时也能得到照应。如，公积金会员的住房、医疗开支和学费，现在大都可在几项公积金计划下动用公积金来支付，这无形中发挥了家庭成员的互助精神，对于低收入者来说，这些计划可帮助他们不至于陷入无助境地或负债累累。再如，公积金存款充足的会员，可以填补他们父母的公积金最低存款额，以使他们的父母每月有一笔固定的利息收入；或者，他们也可用现金填补他们父母的户头，这样，年青一代就有较多的途径尽赡养父母之义务和孝道。可见，家庭保障是新加坡社会保障体系的第二道防线。

第三层次，社会。

在家庭保障层次失败时，国民可通过参加社会保障计划以使家属受惠，社会保险计划提供投保人意外发生时紧急之需。例如，会员参加的家属保障计划，实际上就是一项定期保险计划，其目的就是受保的公积金会员在完全失去工作能力或死亡时，能为他们和他们的家属提供一笔款项，协助他们渡过最初几年的难关。再如，高收入者还可以通过参加商业保险以应付可能出现的困难。最后，贫困、疾病及残疾的人，还可通过社会团体（如各种宗乡会、工会、商会等）和慈善机构得到救助。如，在殖民时期，新加坡就设置了一个贫穷救济基金捐助箱，来帮助那些遭治安拘留的贫民（新加坡视乞讨为犯罪行为，社会福利督察员每天固定巡逻搜捕乞丐），这种做法一直延续至今。

第四层次，国家。

在上述三个层面都失败时，真正的贫苦者由国家（政府）发放津贴和救济金援助。

早在新加坡建国初期，政府就有针对贫民的救济计划。依据救济计划，一家之主每月可领到40新元，他的妻子可领到26新元，其他成员每人17新元的救济金。通过家境调查的每个家庭最高补助额为100新元。另外，政府还设有一项自顾救助计划，鼓励兼职，政府同时还实施无息贷款，最高金额可达1000新元，分2年或更长的时间偿还。政府还提供廉价的医疗服务，每年每人大约有70新元的健康服务费，对居住在政府提供的廉价组屋的贫困家庭，政府还通过收取较低的水费、电费等方式予以间接救助。过去和现在，新加坡都一直坚持这样的原则：由每个人和每个家庭自行处理他们的贫困问题，政府的责任是救助真正的贫困者。

从上述情况可以看出，新加坡社会保障制度的基本框架，依保障主体可分为：个人、家庭、社会、国家四个部分，四者之间的关系是层层递进的，前者是后者的基础和前提，后者是前者的延伸和补充；依保障形式可分为：以公积金设立的退休养老、保健、保障家庭以及购买住宅、增进资产等社会保障项目，这是新加坡社会保障制度的主体部分，此外，社会团体和慈善机构对贫困、疾病及残疾者的救助以及政府对真正贫困者发放津贴和救助金援助是社会保障制度的辅助部分。

7.2 新加坡公积金制度简介

7.2.1 公积金制度的建立与发展

新加坡公积金制度建立于殖民地时期。1950年由两名立法议员倡议建立公积金制度，1951年5月17日公积金法案提呈议会讨论。1953年10月退休福利委员会提呈了一个公积金研究报告，拟议设立的公积金制度规定：月收入少于500元的雇员，必须按月缴纳5%薪金的公积金；月收入超过500元的雇员则可申请豁免，并建议设立一个新的部门来管理公积金。这个建议为多数社会公众所接受，公积金法令也于1953年12月11日通过，中央公积金局也在这个法令下成立，1955年7月1日公积金制度正式施行，同时标志着新加坡社会保障制度正式建立。

新加坡公积金制度，最初只是一项简单的养老储蓄制度，其目的是为低收入雇员的晚年提供生活保障。随着新加坡经济社会的发展，公积金制度也日臻成熟、完善，现已发展成为一个人们终生用以进行财务规划的缜密制度和政府用来宏观调控国民经济及社会发展的重要手段。40多年来，中央公积金制度的发展成就主要表现在以下方面：

(1) 保障对象的扩大。

公积金会员，1955年只有18万人，到了1996年已发展到274万人，会员人数扩大了15倍。现在，所有受雇的新加坡公民和永久居民都必须缴纳公积金；自雇人士（个体从业人员）则必须每年按6%的净营业收入存进他们的保健储蓄户头。就是说，保障对象由原来的部分企业雇员扩大为：①新加坡公民和永久居民；②所有雇员；③所有自雇人士；④自愿缴纳公积金者。

(2) 保障项目的增加。

1955年—1967年，社会保障项目单一，即只有一个养老储蓄保障项目，公积金只能用作退休养老，不能用于诸如疾病、失业等方面。自1968年起，政府允许会员用公积金普通户头的存款购买建屋发展局的组屋；1978年起允许会员用公积金存款购买新加坡巴士公司的股票（若会员购买的股票超过1000股，可以优待价乘搭该公司的巴士，会员最多可购买5000股）；1981年起允许会员用公积金普通户头存款来购买私人住宅产业；1984年起允许会员用保健储蓄支付本身或直系家属在政府、重组或获准的私人医院求医的子女或其本身在本地 6 所大专学府的教育费；1990 年增加了健保双全计划项目；1993 年增加了公积金投资计划项目；1994 年增加了增值健保双全计划项目。总之，新加坡的公积金支用项目经历了一个由简单到复杂的漫长的发展过程。

（3）保障水平的提高。

1955 年，公积金缴纳率只有 10%（雇员、雇主各缴 5%），1971 年提高到 20%，1974 年提高到 30%。80 年代，新加坡经济发展很快，国民收入和人均收入水平相应大幅度提高，公积金也由原来单纯地用于退休养老扩展到购买住房、医疗、保健等领域，所以，从供给和需求两个方面都要求提高社会保障水平。1981 年公积金缴纳率提高到 42.5%（雇主 20.5%，雇员 20%），1984—1985 年达到 50%（雇主和雇员各缴纳 25%）。80 年代中期，因受经济衰退和通货膨胀的影响，企业生产经营困难，雇主纷纷要求政府降低公积金缴纳率，否则雇主将减产减员甚至“关门”歇业。针对当时的经济情况，政府将公积金缴纳率由 1985 年的 50%降低到 1986 年和 1987 年的 35%（其中，雇主的缴纳率只有 10%）。进入 90 年代以来，公积金缴纳率一直保持在 40%的较高水平上，即每月雇主存入相当于雇员薪金 40%的公积金，其中，20%是从雇员的薪金中扣除，其余的 20%由雇主缴付。

从绝对额看，1996 年公积金缴纳额已达 146.23 亿新元，公积金总存款额达 725.67 亿新元，分别比 1990 年的 71.74 亿新元和 406.46 亿新元增加 1 倍和 0.79 倍，比新加坡刚独立时的 1965 年的 900 万新元缴纳额增加了 1623 倍。公积金缴纳率的提高和公积金缴纳额的稳步增长，为提高社会保障水平奠定了雄厚的财力基础。

(4) 保障功能的增强。

新加坡社会保障制度的保障功能，从1968年以前的公积金用于退休养老，逐步扩大到用于医疗保健、购买住房、家庭保障以及增加资产等方面，以满足社会成员多方面的需要。

7.2.2 公积金会员

新加坡以强制储蓄方式推行社会保障制度，每个雇员都是中央公积金局的会员。这里的“雇员”包括：①所有的新加坡公民和永久居民；②外国人（那些被豁免和客工征税下的外国人除外)。另外，自雇人士也要缴纳法定的保健储蓄存款，因此，也属于公积金会员。

新加坡公积金会员发展很快。公积金制度初创时期的1955年，全国只有18万名会员，约占总人口的13%，1996年全国公积金会员则达274万人，占总人口的88%。人们愿意成为公积金会员的原因，归纳起来包括：

①雇主们被要求为这个制度作出贡献，即依法为自己的雇员缴纳公积金，并记入各会员户头；

②雇主对政府管理这项基金充满信心；

③低通货膨胀率和新加坡元一直坚挺；

④公积金会员也可用公积金购置房产等，以防不动产涨价，保证公积金的保值和增值；

⑤公积金储蓄可免交所得税。

立法强制和经济杠杆调节相结合，是新加坡公积金会员不断发展、壮大的主要原因。

需要指出的是：新加坡政府公务员原来实行养老金制度，这一制度与公积金制度不同，没有单独存款户，是按月发放和领取的。自1972年起，在政府公务员中也实行了公积金制度，只是缴纳比例与一般雇员不同。目前，新加坡全国公务员中只有200名政府机构的精英分子（包括文职人员、警察、军队等）享有终身退休金，离开该岗位自动取消，其他政府公务员都实行公积金制度。

7.2.3 公积金的缴纳

(1) 公积金户头的设立。

新加坡的公积金制度是以会员各自在户头中累积资产为基础的。1955—1974年只设有一个户头，即普通户头；1975年—1983年设有两个户头，即普通户头和特别户头；1984年以来，每个公积金会员都有三个户头：普通户头、特别户头和保健储蓄户头。

普通户头。现行制度规定，35岁及以下者按30%、35岁以上—45岁者按29%、45岁以上至55岁者按28%将公积金存入普通户头（现行总缴率为40%，普通户头存款占公积金总储蓄存款的75%—70%），专门用于退休、购房、购买公积金保险、投保和教育等方面。

保健储蓄户头。所有公积金会员均按4%的比例将公积金存入保健储蓄户头（占总缴纳数的10%），专门用于支付医院的帐户和获准的医药保险。

特别户头。三个年龄段的公积金会员，分别按照6%、7%、8%的比例将公积金存入特别户头，专门用于年老和特别急需的开支。

公员公积金户头见表7-1。

(2) 公积金缴纳率。

公积金缴纳率是在综合考虑经济发展、雇主和雇员的经济承受能力以及各种社会保障支出需求的基础上确定的，在不同的历史时期差别很大（见图表 6－3)。1955 年公积金总缴纳率只有 10%，1984—1986 年达到最高的 50%，1991 年以后一直维持在 40%的水平上。

表 7－1 会员公积金户头

雇员 20%的工资 ▼ 雇主 20%的工资 ▼

会员公积金户头		
普通户头① 30%	特别户头 4%	保健储蓄户头② 6%
退休 购买房子 投资 购买保险	养老 应急之需	医疗保健开支 医疗保险

注：①35 岁及以下付 30%，35—44 岁付 29%，45 岁以上则付 28%。

②35 岁及其以下付 6%，35—44 岁付 7%，45 岁以上则付 8%。

(3) 公积金的缴纳。

每个月，雇主为雇员存入相当于雇员薪金 40%的公积金。其中，20%是从雇员中扣除，其余的 20%由雇主缴付。需缴纳公积金的薪金以每月 6000 新元为顶限，月薪 6000 新元以上的部分不需要交公积金。雇主必须在下月的 14 日缴纳公积金，例如 1 月的公积金应该在 2 月 14 日缴付。

(4) 公积金缴纳额和总存款额。

公积金月缴纳额是雇员月薪和总缴交率（40%）的乘积，年缴纳额则是月缴交额×12，即：

某雇员月公积金缴纳额＝该雇员月薪额×40%

某雇员年公积金缴纳额＝月缴纳额×12

公积金总存款额则是历年缴纳额之和减去历年支用之和以后的余额。

某雇员公积金总存款额 = ∑历年缴纳额 - ∑历年支用额

1990—1996年，新加坡公积金会员人数、年缴纳额和总存款额见表7-2。

表7-2 公积金年缴纳额和总存款额简表

年底	会员人数（以千计）	年缴纳额（千元）	总存款额（千元）
1990	2195	7174210	40640328
1991	2255	8101376	46048973
1992	2322	9028203	51526850
1993	2456	10427035	52334313
1994	2521	11278556	57649187
1995	2683	13536077	66035403
1996	2742	14623003	72566560

表7-3 公积金缴纳率

年份	雇员年龄	缴纳率		户头			总缴纳率（%）
		雇主（%）	雇员（%）	普通户头（%）	特别户头（%）	保健储蓄户头（%）	
1955年7月		5	5				10
1968年9月		6.5	6.5				13
1970年1月		8	8				16
1971年1月		10	10				20
1972年7月		14	10				24
1973年7月		15	11				26
1974年7月		15	15				30
1977年7月		15.5	15.5	30	1		31
1978年7月		16.5	16.5	30	3		33
1979年7月		20.5	16.5	30	7		37
1980年7月		20.5	18	32	6.5		38.5

续表

年份	雇员年龄	缴纳率		户头			总缴纳率（%）
		雇主（%）	雇员（%）	普通户头（%）	特别户头（%）	保健储蓄户头（%）	
1981年7月		20.5	22	38.5	4		42.5
1982年7月		22	23	40	5		45
1983年7月		23	23	40	6		46
1984年7月		25	25	40	4	6	50
1985年7月		25	25	40	4	6	50
1986年7月		10	25	29		6	35
1987年7月		10	25	29		6	35
1988年7月	55岁以下	12	24	30		6	36
1989年7月	55岁以下	15	23	30	2	6	38
1990年7月	55岁以下	16.5	23	30	3.5	6	39.5
1991年7月	55岁以下	17.5	22.5	30	4	6	40
1992年7月	35岁及以下 35岁以上至55岁	18 18	22 22	30 29	4 4	6 7	40 40
1993年7月	35岁及以下 35岁以上至45岁 45岁以上至55岁	18.5 18.5 18.5	21.5 21.5 21.5	30 29 28	4 4 4	6 7 8	40 40 40
1994年7月	35岁及以下 35岁以上至45岁 45岁以上至55岁	20 20 20	20 20 20	30 29 28	4 4 4	6 7 8	40 40 40
1995年7月	35岁及以下 35岁以上至45岁 45岁以上至55岁	20 20 20	20 20 20	30 29 28	4 4 4	6 7 8	40 40 40
1996年7月	35岁及以下 35岁以上至45岁 45岁以上至55岁	20 20 20	20 20 20	30 29 28	4 4 4	6 7 8	40 40 40
1997年7月	35岁及以下 35岁以上至45岁 45岁以上至55岁	20 20 20	20 20 20	30 29 28	4 4 4	6 7 8	40 40 40

7.2.4 公积金利率

公积金存款享有利息，其标准在于使公积金存款免受通货膨胀的影响，使其保值和增量。公积金法令规定的利率为不低于2.5%。从1995年7月1日起，会员的特别户头和退休户头的存款，会员还将赚取比一般的公积金利率高出1.25%的额外利率。

公积金的实际利率是与市场利率密切相关的。具体地说，从1986年3月1日起，公积金利率是根据新加坡本地4大银行的12个月的定期存款和月底储蓄利率的平均值确定的，并且是每6个月修订一次，即当年1月至6月的公积金利率，等于上年5月至10月的市场平均利率，当年7月至12月的公积金利率，等于上年11月至当年4月的市场平均利率。一般而言，公积金的实际利率要高于法定利率，但实际利率不同通货膨胀率挂钩。新加坡公积金实际利率见表7-4。

表7-4　新加坡公积金实际利率一览表

年　份	公积金利率(%)	
	普通和保健储蓄户头	特别和退休户头
1955年至1962年	2.50	2.50
1963年	5.00	5.00
1964年至1966年	5.25	5.25
1967年至1969年	5.50	5.50
1970年至1973年	5.75	5.75
1974年至1986年2月28日	6.50	6.50
1986年3月1日至6月30日	5.78	5.78
1986年7月1日至12月31日	5.38	5.38
1987年1月1日至6月30日	4.34	4.34
1987年7月1日至12月31日	3.31	3.31

续表

年份	公积金利率（%）	
	普通和保健储蓄户头	特别和退休户头
1988年1月1日至6月30日	3.19	3.19
1988年7月1日至12月31日	2.96	2.96
1989年1月1日至6月30日	3.10	3.10
1989年7月1日至12月31日	3.39	3.39
1990年1月1日至6月30日	3.77	3.77
1990年7月1日至12月31日	3.88	3.88
1991年1月1日至6月30日	4.85	4.85
1991年7月1日至12月31日	4.54	4.54
1992年1月1日至6月30日	4.59	4.59
1992年7月1日至12月31日	3.31	3.31
1993年1月1日至6月30日	2.69	2.62
1993年7月1日至12月31日	2.50	2.50
1994年1月1日至6月30日	2.50	2.50
1994年7月1日至12月31日	2.50	2.50
1995年1月1日至6月30日	3.10	3.10
1995年7月1日至12月31日	3.82	5.07
1996年1月1日至6月30日	3.52	4.77
1996年7月1日至6月31日	3.48	4.73

7.3 养老保险

7.3.1 资金来源与筹资方式

新加坡养老保险的资金，来源于公积金会员的养老储蓄，其筹资方式是“先储后用制”。公积金制度规定：①每个就业的国民应为自己的老年生活而预先储蓄，以便有足够的储蓄安享一段较长的退休岁月。公积金最低存款计划能够帮助人们存下足够的储蓄，使一个人在退休后能够保持最基本的生活水平，同时也使其在年老时仍能自给自足，无需依赖社会救济。②每个就业的国民应拥有已付清（公积金购房）与自己的收入相匹配的住所。③每个就业的国民应有足够的保健储蓄以供退休后的医疗、保健之用。④公积金管理当局应有足够的现金，让会员在退休后每月支取退休前薪金的20%—40%。

从上述规定可以看出，新加坡养老保险的资金来源主要是以公积金最低存款计划方式筹措的。最低存款的数额依据预期退休后的余年和预期退休后的基本生活需要两个因素确定。目前，新加坡的平均寿命为：男74岁，女77岁，法定退休年龄为60岁。按目前的平均寿命和退休年龄，平均要有14—17年的退休后的生活费用要靠自己就业时的公积金储蓄来支付。最低存款计划规定，会员达55岁时最低存款是4万新元（自1997年7月1日起调高为5万新元），在此基础上，以后须每年增加5千新元，直至2003年达到8万新元为止。最低存款计划见表7-5。

最低存款的方式有二：即产业抵押或现金存款。如果会员有产业作为抵押，至少一半的最低存款应是现金存款。如果会员的最低存款全部以产业抵押，那么他就没有现款留作退休之用，可能需要变卖其产业才能生活。备有大半的现金存款就是为了确保会员退休后无需变卖房屋等产业，而还有一笔现款可用。

会员除了可以把最低存款（现金存款部分）保留在公积金局之外，也可选择将这笔钱存入银行或向获准的保险公司购买年金保险。若购买年金保险，会员可在有生之年每月都获得收入；若将这笔款项存在公积金局或获准的银行，每月也可获得收入，直至最低存款用完为止。

表 7－5　　　　最低存款递增计算表

在以下日期或之后 55 岁生日	最低存款 新元	现金存款 新元	产业净值 新元
1995 年 7 月 1 日	40000	4000	36000
1996 年 7 月 1 日	45000	8000	37000
1997 年 7 月 1 日	50000	12000	38000
1998 年 7 月 1 日	55000	16000	39000
1999 年 7 月 1 日	60000	20000	40000
2000 年 7 月 1 日	65000	25000	40000
2001 年 7 月 1 日	70000	30000	40000
2002 年 7 月 1 日	75000	35000	40000
2003 年 7 月 1 日	80000	40000	40000

注：①最低存款额每年将增加 $ 5000，（现金 $ 4000 及产业 $ 1000）直至 1999 年 7 月 1 日达到 $ 60000 为止（现金 $ 20000 及产业 $ 40000）；

②之后，每年将以 $ 5000 的现金递增，到了 2003 年，最低存款将达到 $ 80000（现金 $ 40000 及产业 40000）。

7.3.2　养老保险的发放标准

（1）退休提款的基本条件。

最低存款计划规定，公积金会员到了 55 岁，永远离开新加坡或西马、终身残废或神智不健全时，即可提取其存款。而已故会员的指定受益人可申请提取该已故会员的公积金存款。

但是，公积金会员到了 55 岁，支取退休存款时，必须保留最低存款于退休户头；会员在退休时最低存款不足的，可由其子女填补他们的户头。这样，对年满 55 岁的公积金会员，在支用退休存款时，至少可从其普通和特别户头的余款中提取一半的款额。如果会员 55 岁还继续工作，每 3 年可再提取公积金；若会员因完全失去工作能力或永久移民外地，他可在 55 岁之前提取公积金。

(2) 退休提款的标准。

公积金会员自退休年龄起，可每月从最低存款计划中获取稳定的收入。退休提款的标准随着最低存款的增加和年龄的增长逐年提高，见表 7-6。

表 7-6　　退休收入计算表

会员达到 55 岁的日期	最低存款	从退休年龄①起每月的收入（新元）
1995 年 7 月 1 日至 1996 年 6 月 30 日	40000	307
1996 年 7 月 1 日至 1997 年 6 月 30 日	45000	345
1997 年 7 月 1 日至 1998 年 6 月 30 日	50000	383
1998 年 7 月 1 日至 1999 年 6 月 30 日	55000	422
1999 年 7 月 1 日至 2000 年 6 月 30 日	60000	460
2000 年 7 月 1 日至 2001 年 6 月 30 日	65000	498
2001 年 7 月 1 日至 2002 年 6 月 30 日	70000	537
2002 年 7 月 1 日至 2003 年 6 月 30 日	75000	575
2003 年 7 月 1 日至 2004 年 6 月 30 日	80000	613

注：①目前的退休年龄是 60 岁。政府可能会加以修订，提高退休年龄。

7.3.3 养老保险基金的管理

(1) 管理机构。

新加坡养老保险基金的管理机构是中央公积金局。中央公积金局是劳工部属下的一个法定机构，具有财政和行政自主权，公积金局理事会成员由劳工部长委任，向劳工部长负责。公积金（包括养老保险基金）的汇集、结算、使用、储存等均由公积金局独立管理，独立核算、自负盈亏。因此，中央公积金局是独立于新加坡财政部之外的一个准金融法定机构。

（2）计划管理。

公积金管理当局根据新加坡经济、社会、人口等发展的长期趋势，计划公积金的筹集总量和增长速度，并按退休养老、保健、购买住宅、支付教育费用、投资等会员的不同需要分配公积金的用途，构建社会保险安全网。同时，对每一个社会保险项目也都建立长期计划，如退休养老设有公积金最低存款计划，政府倡导人们从现在起就必须为自己的退休生活作好准备，以便将来退休后仍能维持经济独立。最低存款计划，从 4 万新元开始，最低存款额每年增加 5 千新元，计划期自 1995 年 7 月 1 日至 2003 年 7 月 1 日，届时存款额可达 8 万新元，这笔款项足以应付会员退休后在衣、食、住方面的基本生活需要。

（3）标准管理。

中央公积金局对养老保险的投保人条件、保险金缴纳额、缴纳期限、最低和最高投保额、退休提款的基本条件等，都规定了明确的标准，在退休保险基金的筹集和使用中，依据各种标准管理、操作。

（4）基金的保值增值管理。

养老保险制度规定，公积金会员可将最低存款（现金存款部分）存入其在公积金局设立的户头上、并按规定的利率计息；会员也可选择将这笔款项存入银行或向获准的保险公司购买年金保险，选择这两种方式会员也都能够在有生之年每月获得稳定、可靠的收入，实现养老保险基金的保值和增值。同时，公积金局汇集的养老保险基金，除了按规定支付会员的退休提款外，还有经常性的结余，结余部分用于购买政府的长期公债，风险小，收益可靠，具有保值增值功能。

7.4　医疗保险

7.4.1　医疗保险的筹资方式

（1）保健储蓄。

保健储蓄是用来支付会员本身或直系家庭成员在政府、重组或获准的私人医院求医的医院费用。公积金用作保健储蓄始于1984年4月1日，到1996年底，参与保健储蓄的会员达261129人。

1984年公积金总缴纳率为50%，其分配是：普通户头为40%，特别户头为4%，保健储蓄户头为6%，上述比例不分雇员年龄，执行统一标准。随着新加坡经济、社会发展，公积金总缴纳率虽有所调整（如由1984年、1985年的50%降至1986年的35%，1988—1990年分别升至36%、38%、39.5%，1991年至今总缴纳率一直稳定在40%），但保健储蓄户头所占的比例基本没有什么变化，只是自1992年7月起，按年龄将保健储蓄缴纳率分为两档，35岁及以下适用6%的缴纳率，35岁以上至55岁适用7%的缴纳率。自1993年7月至今，又细分为三档，即：35岁及以下的保健储蓄缴纳率为6%，35岁以上至45岁缴纳率为7%，45岁以上至55岁缴纳率为8%。其中，雇主及雇员各负担50%。

为了在退休后能获得医疗保健的照顾，公积金制度规定，会员在55岁时，必须在其保健储蓄户头中保留15000新元，不能提光用净。

（2）健保双重与增值健保。

保健储蓄是协助会员省下部分收入，以应付会员本身或其家人入院留医的基本需求。但是，如果会员患的是顽疾需作长期医治时，保健储蓄存款就难以为继了。投保健保双全或增值健保双全计划，就是为了给会员及其家属（配偶、儿女、父母和祖父母）应付高昂的医药费提供保障。可见，健保双全与增值保健是保健储蓄的延伸或补充。

健保双全，是一项收费低廉的重病医药保险计划，其目的是协助投保者支付大部分的住院费和某些门诊费。该项保险计划开办于1990年7月1日。受保条件为：新加坡公民或永久居民，年龄不超过75岁的公积金会员，到1996年，85%的符合条件的会员参加了该保险计划。投保者每年只付12新元保费（视年龄而定）。

增值健保双全，是为高级病房A级和B1级应付大笔医疗费而设立的。1994年7月1日开办，到1996年投保人数为245167人，索赔3661次，提款额为460万新元。增值健保双全有两个计划任选其一：即A计划和B计划。A计划的每年保费介于60—1200新元；B计划的每年保费介于36—720新元之间，终生索赔限额为15万新元。

(3) 保健基金。

保健基金是由政府拨款设立的一项专项援助基金，其目的在于救助贫困的新加坡人支付住在政府和重组医院的开销。该基金由政府管理，基金投资所赚取的利润全部用来支付需救助者的医疗开支。

凡需要该项救助的人，先由本人向其住院的医疗社会工作人员提出申请；然后，由该医院保健基金委员会对每一份申请都作出评估，并作出是否援助的决定。援助多少要根据申请者的家境状况和现有的条款而定。

7.4.2 医疗保险的支付标准

医疗保险的支付标准主要是依据不同的筹资方式和患者病情

确定。

表7－7　　健保双全/增值健保双全索偿限额一览表

用　途	健保双全计划	增值健保双全	
		B计划	A计划
住院费	每天＄120	每天＄300	每天＄500
特别护理病房	每天＄240	每天＄500	每天＄800
外科手术 表1 表2 表3 表4 表5 表6 表7	 ＄100 ＄200 ＄400 ＄500 ＄500 ＄600 ＄600	 ＄300 ＄600 ＄1000 ＄1500 ＄2000 ＄3000 ＄4500	 ＄400 ＄800 ＄1300 ＄2000 ＄3000 ＄4000 ＄5500
移植/获准的医药品	每年＄1500	每年＄2500	每年＄3500
Gamma手术	每手术＄4800	每手术＄9600	每手术＄12600
门诊治疗 癌症放射性治疗	＄40—80 每日医疗 （视种类而定）	＄80—160 每日医疗 （视种类而定）	＄100—200 每日医疗 （视种类而定）
癌症化学治疗	每周医疗＄75 每21/28日医疗＄300（最多8个医疗周期）	每周医疗＄150 每21/28日医疗＄600（最多8个医疗周期）	每周医疗＄200 每21/28日医疗＄800（最多8个医疗周期）
洗肾	每月＄700	每月＄1600	每月＄2000
洗肾医疗药物(Erythropoeitin)	每月＄200	每月＄400	每月＄500
移植器官药物(Cyclosporin)	每月＄200	每月＄400	每月＄500
可索偿限额 每个保单年 每终生保单	 ＄20000 ＄80000	 ＄50000 ＄150000	 ＄70000 ＄200000
投保年龄限制	70岁	70岁	70岁
年龄顶限	75岁	75岁	75岁

注：①住院费、特别护理病房费用包括膳食费、药费和专业服务费、检验和其他杂项费用。

②外科手术是根据手术的复杂程度从表1—表7分类。

公积金会员本身或直系家属在政府、重组或获准的私人医院求医的医疗费用，可用保健储蓄支付。此外，保险储蓄还可用来支付某些门诊治疗费用，如洗肾、化学治疗、放射性治疗等，甚至还可顾及退休后的医药费。1996 年保健储蓄提款达 3.09 亿新元。

参加健保双全计划的会员（其投保者的条件是：重病患者，需长期治疗、所需医药费用高昂），在生病治疗期间，所需住院费的大部分和某些门诊费，由该计划支付，1996 年索赔达 48157 次，提款为 2720 万新元。投保者每年索赔的上限为 20000 新元，终生索赔限额为 80000 新元。健保双全支付每日的住院费用，其标准为每天 120 新元，外科手术费用为 600 新元，这种支付标准足够会员交付 C 级或 B2 级病房的大部分费用。

参加增值健保双全计划的会员，若选择 A 计划，则终生索赔额为 20 万新元；若选择 B 计划，终生索赔额则为 15 万新元。在 A 计划下，增值健保双全付给的每日住院费用多达 500 新元；而在 B 计划下，每日住院费用为 300 新元。付给 A 计划的外科手术费用最多达 5500 新元，B 计划的外科手术费最多为 4500 新元。健保双全与增值健保双全的索赔限额详见表 7－7。

7.5 其他社会保障形式

7.5.1 家属保障和家庭保障

公积金局为会员提供家属保障和家庭保障两项计划，为会员及其家属在发生不幸事件时能有一笔经济保障。

（1）家属保障。

家属保障是在受保的 60 岁以下的会员不幸去世或完全失去工作能力时，能提供一笔存款给会员及他们的家属，以协助会员及其家属渡过困境。该项保障计划起始于 1989 年 5 月 14 日，到 1996 年为止，有 1307532 人参加了该项保险，其中有 1759 人获得了索赔，提取公积金达6460万新元。

家属保障计划所保的公积金会员是：新加坡公民或永久居民、年龄在16岁至60岁之间，而且目前还在缴纳公积金。

保费的缴纳规定为：如果会员的公积金普通户头或特别户头中有足够的存款缴付全部的保费，其保额可高达36000新元；如果会员的公积金存款不足以缴付保费，就将根据其普通或特别户头的余额多少而给予较低的保额，最低的保额为5000新元。保费缴纳额根据会员上次生日时的年龄而定，年龄越大，保费就越高。保费每年缴纳一次。34岁及以下者，每年保费为36新元；35岁至39岁者，每年保费48新元；40岁至44岁，每年保费84新元；45岁至49岁，每年保费144新元；50岁至54岁，每年保费88新元；55岁至59岁，每年保费360新元。

（2）家庭保障。

家庭保障是公积金会员及其家庭为其拥有的政府组屋购买的房屋抵押递减保险。其目的是保障公积金会员及其家庭，以免他们在遭受意外或完全失去工作能力时，因没付清住屋贷款而失去住房。该计划是在1981年11月1日开始推行的，到1996年为止，参加该保险的达561284人，有705人获得索赔，提款金额为2290万新元。

家庭保障的投保对象为：所有公积金会员，只要是在公共住屋计划下动用公积金储蓄分期支付建屋发展局组屋、中等入息公寓或国防部组屋的住屋贷款，就都必须参加该项计划，成为家庭保障的投保对象。不过，该计划不接受“健康欠佳”和60岁以上者投保。

家庭保障的投保额为：①会员若是一位单独屋主，则应投保没付清的贷款的全额（即投保100%）。②会员若是一位联名屋主，且准备共同缴付贷款，那么所投保的总金额应该相等于没有付清贷款的总额，各自申请投保的比例，一般根据各自缴付贷款的比例确定。保费计算的主要依据有：会员尚欠的住屋贷款额；摊还期等。保费将随着贷款的增加或摊还期的拖后而增加，年龄较轻的会员将付较少的保费。

保费的缴纳与支付赔偿：当投保生效时，保费将一次性地从会员的公积金普通户头中扣除。会员在要求赔偿时，应通知公积金局，并出示有关证件，如公司的辞退信和医生的报告书，接着由公积金局再安排医生进一步检查，以证实该会员是否已永久性的完全失去工作能力；如果会员去世，其家属应该通知公积金局，并出示会员的死亡证书。公积金局在确认会员已永久性完全失去工作能力或死亡后，公积金局将为会员支付没有付清的住屋贷款，支付顶限是以会员在该计划下投保的保额为准。这样，会员原有的公积金储蓄就可被用在家属的其他用途上。

7.5.2 住房保障

1968年，新加坡推行“居者有其屋”保障计划，允许会员用其公积金存款购买产权属于自己的政府组屋或私人住宅产业。该计划包括两项内容：

(1) 公共住屋。

公共住屋是会员用公积金普通户头的存款购买建屋发展局的组屋。公积金的该项用途开办于1968年9月1日，到1996年为止，已有535411人参加了公共住屋计划，提款达52.56亿新元，很多会员只用自己的公积金存款就足以购买了理想的组屋，使其成为住屋拥有者，因此，该计划自推行起就一直受到了会员的普遍拥护。

会员用其公积金存款购买建屋发展局组屋的步骤是：①先由会员领取其最新的户头结存单。在建屋发展局签下一份授权书，授权建屋发展局取得会员的户头结存单（只适用于该会员到建屋发展局呈交公积金申请表格）。②然后，向建屋发展局提出申请动用你的公积金存款来购买组屋。这份申请表格只有建屋发展局的办事处才可获得，而且你必须在建屋发展局的职员面前填写这份表格。

公积金会员购买组屋可从下列三种方式中任意选取一种付款方式，即：①若某会员的普通户头中有足够的存款，他就可一次付清屋款；②用公积金存款来支付部分屋款，并用现金来支付剩余的部分；③用所有可动用的公积金存款支付部分的屋款，不足部分向建屋发展局申请贷款支付，然后用日后所得的公积金存款来偿还贷款，贷款的数额由建屋发展局决定。

会员用公积金存款购买组屋视不同情况规定了不同的支取限额。①会员向建屋发展局购买组屋。可动用普通户头中100%的存款来支付20%的按柜金和剩余的屋款。若户头上没有足够的公积金存款而需要向建屋发展局申请贷款，则可用日后工作所存入普通户头中的公积金缴款来分期偿还建屋发展局的房屋贷款。②在公开市场上购买转售组屋。会员可动用其公积金普通户头内的存款和每月存入的公积金普通户头内的缴款来购买组屋或摊还建屋发展局的房屋贷款，但总额不能超过产业的估价顶限和允许购屋提款的最高限额。

(2) 住宅产业。

住宅产业是指会员可用公积金普通户头存款来购买私人住宅产业，包括所有建在永久地契或是至少仍有60年的非永久地契的产业，以供自己居住或作为投资之用。该计划于1981年6月1日起开始实施，到1996年为止，有119056人参加了该计划，动用公积金提款32.62亿新元。

在住宅产业计划下，会员利用公积金存款的方式有3种：

①提取公积金存款直接付给产业发展商或卖主以购买一宗住宅产业；②提取公积金存款偿还其购买住宅产业的房屋贷款；③提取公积金存款偿还用来购买土地和建造在该土地上的房子的房屋贷款。

会员提取公积金存款的额度为：会员可动用其普通户头中现存公积金存款的100%款额和今后每月存入的公积金普通户头的100%的款额购买一宗产业和或每月摊还房屋贷款至估价的最高限。产业估价是指购买时的产业价值或买价。假如会员已达到估价上限而还未付清产业贷款，或许要动用更多的公积金存款（最高可达至允许购屋提款的最高额）来偿还付清贷款。允许购屋提款的最高额是在扣除了最低存款额（5万新元），会员的普通户头和特别户头内存款总额和的80%。

7.5.3 教育计划

教育计划是指会员通过该贷款计划支付本身或其子女的大学全日制学位与专业文凭课程的学费。该计划自1989年6月1日起实行，参与该计划的会员达7413人，公积金提款额为6540万新元。

教育计划中所说的“大专教育”是指就读于本地6所大专院校，即新加坡国立大学、南洋理工大学、南洋理工学院、新加坡工艺学院、义安工艺学院和淡马锡工艺学院的全日制教育。

在该计划下，会员可动用其普通户头内的公积金存款支付本身或其子女的有关课程的费用。该名学生在毕业一年后或休学离校一年后开始偿还其贷款本金和利息，可一次付清也可在10年内分期付款。

7.5.4　经济保障

公积金的主要目标是为会员的晚年（退休后）提供基本的生活保障。在此基础上，公积金局还为会员提供了若干投资选择，由会员在规定的权限内自主决策，其目的是为了通过投资帮助会员增加财富，使其晚年的基本生活更有经济保障。

（1）公积金投资计划。

公积金投资计划，是指会员可动用80%的公积金存款或普通户头中的余额（普通户头和特别户头中的存款额扣除最低存款的现金存款）投资于股票、政府债券、储蓄人寿保险等方面，以实现资产增值。该计划自1993年10月1日起实行，到1996年，参与该计划的会员达373895人，提款额达151.65亿新元。

①投资的资格认定。所有公积金会员，只要同时符合下列三个条件，就有资格参与公积金投资计划，即21岁或以上；不是未偿清债务的破产人；公积金户头中有足够的存款。

②可用于投资的公积金存款。会员的公积金存款总额中，可用于投资的部分是：（公积金存款总额－最低存款额）×80%－用于教育和投资的提款额。假如某会员普通户头和余额分别为16000新元和3000新元，购屋的提款额38000新元，则公积金总存款额为57000新元，减最低存款50000新元，则可用于投资的最高限额为：5600新元＝（57000新元－50000新元）×80%（假定该会员没有用于教育和投资的提款额）。

③投资选择。在公积金投资计划下，会员可选择的投资项目包括：a.在新加坡股票交易所（SES）及自动报价股市挂牌并已缴足资本的新加坡注册公司的普通和优先的信托股和债券股；b.在新加坡股票交易所及自动报价股市挂牌并已缴足资本的新加坡注册公司的普通和优先的非信托股或债券股（可供投资额的20%为

上限)；c. 获批准的单位信托；d. 黄金（可供投资额的 10% 为上限)；e. 政府公债；f. 银行定期存款；g. 储蓄人寿保险等。

（2）新加坡巴士有限公司股票计划。

该项投资计划是为了使会员能利用其公积金存款购买新加坡巴士有限公司的股票，并成为新加坡主要公共交通服务公司的股东。该计划自 1978 年 4 月 26 日起实行，参与会员达 18088 人。新加坡巴士有限公司股票计划规定，凡年龄超过 21 岁，不是未脱离穷籍破产者，都可动用其公积金存款来购买新加坡巴士有限公司的股票，购买上限为 5000 股。该股票可委托经注册的股票经纪人出售，股票一旦售出，动用公积金购买股票的款项就会退还到该会员的公积金户头上。如果股票的持有人去世，他所拥有的股票将会交给死者的遗产管理人。凡购买多于 1000 股的会员，可以优待价乘搭该公司的巴士。

（3）非住宅产业计划。

非住宅产业计划是指让公积金会员用其公积金存款来购买在新加坡的非住宅产业作为投资或供自己使用。该计划自 1986 年 5 月 1 日起实行，提取公积金款额达 7490 万新元。

在该计划下，凡不是未脱离穷籍的破产人，都可提取公积金存款，用于：①直接付款给产业发展商或卖主以购买一宗非住宅产业（包括办公室、店铺、工厂和货仓，该产业应该是建在永久地契或至少仍有 60 年租期的非永久地契的土地上)；②偿还全部或部分非住宅产业贷款；③摊还非住宅产业的每月分期贷款。会员提款的数额为普遍户头中现存的 100% 的公积金存款和其今后每月存进的普通户头的 100% 公积金存款。

（4）填补公积金购股计划。

该项计划是协助新加坡人拥有国营机构私营化后所出售的股票。政府在 1993 年实行该计划，其主要内容是：凡年龄在 21 岁或以上的新加坡公民，只要在其公积金户头存入所规定的款项，就可参与该项计划。

7.6 社会救济

社会救济是在个人、家庭、社会3个保障层次都失效时，由国家（政府）为真正的贫穷者所提供的津贴和救济金，以维持其基本的生活需要。

新加坡的社会保障制度一直坚持公民应自力更生、自食其力的原则，主张由每个家庭自行处理其贫困问题，政府的责任是救助真正的贫困者。可见，社会救济是建立在个人、家庭、社会三道保障长防线基础上的，是社会保障制度的最后一道防线，因此，社会救济的保障对象十分有限，救助标准也不高。

新加坡建国初期，政府就没有针对贫民的救济计划。其救济标准为：一家之主每月为40新元，他的妻子每月为26新元，其他成员每人每月17新元。其后，随着经济发展和人民生活水平的普遍提高，社会经济标准不断调整，但从总体上看，社会救济增幅低于同期GDP增长速度和人均收入增幅。

在社会救济中，政府除了直接为贫困者提供救济金外，政府还没有一项自顾救助计划，包括鼓励家境贫困者兼职，以谋取更多的收入；为贫困者提供无息贷款，用于小本经营等。另外，政府还为贫困者提供廉价的医疗服务；对居住在政府提供的廉价组屋的贫困家庭，通过收取较低的水费、电费等方式予以间接救助等。

第8章 新加坡的国有资产与国有企业

8.1 国有资产的规模与产业分布

8.1.1 国有资产的两种形式

按政府资本参与形式的不同，新加坡国有企业分为两大类：

第一大类：法定机构。

法定机构，又称为半“国有企业”。它是依据国会的专门立法而设立和运作的、形式上隶属于但又相对独立于政府各部的“半”官方专业局、兼有政府行政和企业经营双重职能，既代表政府行使部分权力，又是自主经营的政府企业，主要负责公共设施和社会基础设施的建设和发展。这些法定机构主要有：财政部的金融管理局、邮政储蓄银行、国家电脑局等；贸易及工业部的经济发展局、公用事业局、贸易发展局、裕廊镇管理局、旅游促进局、标准与工业研究所等；国家发展部的建屋发展局、市区重建局、建筑发展局等；交通及新闻艺术部的港务局、电信局、广播局等；劳工部的中央公积金局以及教育部的职业与工业培训局等。有些法定机构下属还设有控制公司或附属企业，如贸易发展局下设贸易发展局控制公司，市区重建局下设PIDEMCO公司等。

法定机构的主要特点是：

①产权完全归国家所有，但又与政府部门相分离而成为独立的法人，在订立契约、扩停产业时要比其他政府部门享有更多的

自主权。

②法定机构的资金融通一般不靠政府拨款，而是向政府、一般民众或国际组织借贷，但政府给予其投资津贴和亏损补贴。

③财务上独立核算，一般不受政府部门预算和其他财政控制。

④对工作人员的补充可以独立执行，即新聘雇员不须通过公务员委员会，而且公司雇员不是公务员。

第二大类：政府控股公司。

政府控股公司所拥有的国有企业，是指政府通过控股公司全部占有或部分占有股权、所有权与经营权相分离间接管理的国有企业。它既保证国有资产的所有权，又体现出私营企业的经营方式。这类政府控股公司主要是：淡马锡控股公司、胜利控股公司、国家发展部控股公司等。政府拥有三大控股公司100%的股份，控股公司广泛地参股各产业部门。

控股公司的主要特点是：

①由政府控股公司投资的国有企业，不论独资或合资，均不挂国有招牌，而是以私营企业名义、按公司法规定向政府有关部门登记注册取得企业法人地位，在经营活动中与私营企业一样平等竞争。

②由国库按年拨款融资，其收入也归国库。

③受政府部门的预算和会计系统的控制。

④企业拥有完全的经营自主权，公司董事会聘任经理，负责企业的经营活动，政府投资后，由企业自主决定资金的使用，企业必须依法纳税，税后利润和股息分红均由董事会决定，董事会根据税后利润和经营目标，确定投资方向。

8.1.2 国有资产的规模

新加坡国有资产的规模是随着新加坡国民经济与社会发展及

其政府职能的变化而变化的。大致可分为三个阶段：

第一阶段（1960—1967年），国有资产形成时期。新加坡最早的国有企业可以追溯到1961年建立的大众钢铁公司和百龄麦面粉厂，以及较早出现的一些法定机构，如建屋局（1960年）、经济发展局（1961年）、公用事业局（1963年）、港务局（1964年）。这一时期是新加坡工业化和现代化的起步阶段，基础设施落后，政府主要通过几个法定机构大量投资于社会基础设施部门，政府在工商领域的投资活动很少。但总体上看，这一时期的国有资产规模不大，而且主要集中于基础设施领域，国有独资和合资企业只有13家。

第二阶段（1968—1986），国有资产规模迅速扩大时期。随着新加坡工业化、现代化进程的加快，基础设施供求缺口不断拉大，政府在基础设施如港口、公共住房、道路、机场、电力、邮政、通讯、供水等方面的公共投资规模也随之迅速扩大，仅70年代初实施的“公共工程五年计划”就投资了25亿新元。与此同时，政府职能及活动范围也不断扩大，政府商业方面进行大量的投资和经营活动，创建了许多国有企业。据统计，到1986年。共有国有企业608家，其中法定机构68个，政府部属2人，淡马锡控股公司属下的子公司475个，胜利控股公司属下的子公司43个，国家发展部控股公司属下子公司20个。仅法定机构在1986年的总收入就达132亿新元，雇佣了3.6万人。国有企业参与的领域涉及制造业、通信、交通运输、金融、贸易、旅游及房地产等几乎所有的经济部门。国营企业在金融业的发展最为迅速，其次是交通运输、电信和制造业部门。

这一时期，新加坡国有企业投资和经营范围非常广泛。然而，从投资的相对规模来看，在一些重要的产业部门，政府资本远远不如外国资本。例如，在制造业部门，国有企业有65家，就业人数占整个制造业部门职工总数的 8.5%、附加值的 7.47 (1984 年)；在金融部门，1987 年新加坡最大银行的前六位均为外资银行，国有的发展银行仅列为第七位。

第三阶段（1986 年以后），国有企业大规模私有化阶段。针对 1985 年出现的经济衰退，新加坡政府制定了新的发展战略，国有企业私有化就是新的发展战略的一个重要组成部分。早在 1985 年初，新加坡政府就提出了国营企业私有化的口号，强调要让私营企业在未来经济发展中担当重要的角色。1986 年初成立政府企业私营化委员会，指定了在十年内逐步将 23 家国营企业和 4 个法定机构实行私有化的计划（4 个法定机构是民航局、港务局、公用事业局和电信局，23 家国营企业中最大的有：国际贸易公司、远东化学化司、兴马机电公司、大众钢铁公司、联合工业公司等)，上述企业和法定机构的总资本为 59 亿新元。

新加坡国有企业的私有化，主要是采取出售政府控股公司股权的方式进行的。由于国营企业或有垄断性，或有立法权，或有一定的非盈利的社会经济目标，所以私有化的过程是十分复杂的。为此，转让委员会制定了一个基本规划，将政府参股的国营企业分为三类：第一类包括部分一、二级参股企业，其中二级企业仍需由一级企业保持 51% 的股权；一级企业中政府股权可降低于 50%，在股权分散的条件下，甚至低于 30% 也能起到控股作用；第二类主要包括一些二级企业，这些大都是大公司，如新加坡航空公司，计划出售的股份比重较小（新航的政府股权由 63% 降至 55%)，但绝对数额较大；第三类是其他各级参股企业，计划全部私有化。整个计划设计在 10 年内完成。

新加坡国营企业私有化的步骤是：先将政府占少量股份的挂牌公司私有化，然后减少那些政府独资占有多数股份企业的政府股份，让更多国营企业在股票市场上挂屏售股。与此同时，在私有化过程中相应减少政府活动的范围，凡是私人资本能够承担和愿意承担的领域，都尽量让私人去投资和经营，包括原来完全由政府包下来的公共工程和基础设施。

8.1.3 国有资产的产业分布

新加坡的国有资产以控股、参股方式广泛地介入一些重要的产业部门。主要包括：

①制造业。以参股方式介入电子、化工、机电设备、钢铁、制糖等产业部门。

②炼油业。以参股、控股方式介入石油化工、炼油等部门。设有新加坡石油公司、菲利普新加坡石油化工公司、新加坡炼油私人有限公司等，政府拥有其20%～50%的股权。

③印刷业。设立新加坡国家印刷私人有限公司，政府拥有100%的股权。

④贸易。设立国家粮食仓储有限公司、新加坡食品工业私人有限公司、新加坡国家石油私人有限公司、新加坡海外炼油服务私人有限公司、Intraco有限公司、SAFE私人有限公司、Paktank新加坡仓储私人有限公司、Paktank新加坡集散私人有限公司、Van Ommeren集散私人有限公司、新加坡航空港免税商场、新加坡赌博私人有限公司等，政府拥有的股权为21%～100%不等。

⑤金融服务业。主要有发展银行、新加坡国外信托保险公司、新加坡政府投资公司。政府拥有48%～100%的股权。

⑥船舶制造和修理业。主要有裕廊造船私人有限公司、吉宝有限公司、Mitsubishi新加坡重工业私人有限公司、三巴旺私人股份有限公司、新加坡造船工程有限公司、裕廊私人股份有限公司等。政府拥有43%～100%不等的股权。

⑦旅游和娱乐业。主要有新加坡国家动物公园、裕廊鸟类公

园、新加坡旅馆业第一私人有限公司。政府拥有其 60%～100% 不等的股权。

⑧航空运输业。主要有新加坡航空公司和新加坡航空工业私人有限公司。政府拥有 50%～100%的股权。

⑨房地产业。主要参股、控股 Logang 咨询私人有限公司、莱佛士城市私人有限公司、新加坡公共基金建设私人有限公司等，政府拥有的股权在 48%～87%不等。

⑩建筑业。主要有建筑技术私人有限公司、发展和建筑私人有限公司、国际发展和咨询私人有限公司、资源发展私人有限公司、城市发展和管理私人有限公司等，政府拥有的股权达 67%～100%。

⑪农业。设有第一产业私人有限公司，政府拥有全部股权。

⑫卫生服务业。设有国立大学医院私人有限公司，政府拥有其全部股权。

⑬信息咨询业。设有淡马锡管理服务私人有限公司，政府拥有其全部股权。

8.2　国有资产的管理机构与管理方式

8.2.1　国有资产的管理机构

新加坡国有资产的管理机构分为三个层次：

(1) 议会。

议会以专门立法形式明确规定具有国有企业职能的机构的职责和权益。如《新加坡金融管理局法》，对金融管理局这个法定机构的成立、领导机构、职责、活动范围、监督等作了详尽的规定。与此同时，国会制定的《公司法》、《制造业控制法》等一系列法律法规，法定机构和政府资本间接投入的由三大控股公司管辖的国有公司均须遵守。

（2）政府。

政府设有董事委员会，专门负责任命政府控股公司的董事长。该董事委员会由政府有关官员和社会名流专家组成。政府通常指派有关部门的常任秘书兼任公司董事会的主席或董事，但兼职不兼薪。政府有关部门及审计署、注册局、税务局等负责对法定机构及三大控股公司属下的国有公司进行财务监督。总理直属的肃贪局则负责对公务人员、国有企业职工进行监督，对他们的贪污行为进行调查。

（3）法定机构、控股公司及其属下的国有企业。

上述部门在国家法律规范下，按其目标具体负责国有资产的使用、运营和管理。

8.2.2 国有资产的管理方式

新加坡政府对国有资产的管理，从总体上属于宏观管理、间接管理，其主要管理方式包括：

（1）采取控股办法对国营企业进行宏观管理。

新加坡的国营企业与私人企业一样，都要按照有关法律登记注册，根据商业原则和私人企业进行平等竞争，不享有任何特权。政府以股东身份采取直接或间接入股的形式，对企业进行控制，并根据企业的性质及其在国民经济中的地位的不同，确定政府参股的比例，有的政府参股达100%，有的则低于50%；同时，通过政府控股公司或法定机构对私人企业参股，进行控制。对符合国家产业政策、经营效果好的企业，采取增加股份的办法予以支持，反之则采取抽股的办法加以限制，促其重组或改变产品方向。

(2) 设立专门机构，任命国有企业的董事长。

政府设有一个董事委员会，专门负责任命国有企业的董事长，并聘任政府有关官员和社会名流专家组成公司董事会。大的经营方针、投资方向等由董事会决定，日常经营活动则由经理独立负责，建立高层次决策集中化体制，并让执行者在一定程度上享有自主权。政府行政部门不得干预公司的正常经营。

(3) 通过宏观经济政策和投资调节机制，引导和协调企业(包括公私所有企业) 资本的流量，促使企业健康发展。

在投资政策方面，主要是优先投资建设经济与社会发展所需的基础设施和服务部门，既为企业经营创造条件，又不对其发展形成压力；注重技术开发研究的投资，推进产业结构调整和技术升级；调节外资的部门分布 、投资方式和持股比例，优化外资配置结构；通过扩大或收缩公共投资规模，调节经济周期，促进经济稳定发展，为企业生产经营创造良好的外部环境。

在税收政策方面，主要是根据产业政策，采取减免所得税措施鼓励新兴工业或畅销产品扩大规模。如，对出口产品的生产、仓库建设、远洋运输、研究与开发、各种咨询服务，以及企业从海外贷款购买设备等，均可享受到全部或部分减征免征所得税的优惠。

在财政政策方面，主要是根据政府的产业政策，采取资本援助、发展新产品资助、出口资金融通和信贷保险、造船业的延期贷款、技能发展基金资助、实行特别折旧等方式，促进符合国家产业政策的国有企业加速发展。

(4) 监督国有企业的经济活动。

新加坡的各种经济活动包括国有企业的经济活动都有立法，并有独立的执行和监督机构，有一套强制性的审计办法。总理署设有监督公务人员的贪污调查局，财政部设有商业犯罪调查局，税务局、金融管理局、商业注册局等也负有一定的监督责任。其主要监督措施有：所有经营单位都要有年度经营报告、月度财务简报，年度经营报告须经过董事会讨论通过，月度财务简报要经过总经理签署；上述报告都要经过公共会计审计签署才能上报政府有关部门，否则无效；公共会计是独立的，对所审计帐目负法律责任，并且不得审查本人直接入股的企业和亲属经营的企业。

(5) 注意发挥民社团组织的桥梁作用。

对国有企业的管理，除了政府部门外，政府还十分重视发挥民间社团组织的辅助、桥梁作用。在新加坡注册的民间社团组织，仅工业、商业和社会福利业等方面的社团就有 2000 多个，比较重要的有新加坡工商总会、银行公会、会计师协会、现代化协会等。民间社团组织比较注意与政府有关政策的协调，经常向会员传达政府意图，并向政府转达国有企业的愿望和要求，为会员提供各类咨询服务、培训各类人才等，在政府部门和企业之间起桥梁、纽带作用。为了使官民组织之间有效地进行协调，有些官员兼任民间组织的副主席或副会长，民间组织的一些主要领导人也兼任法定机构的副主席或副董事长。政府一些重大经济活动和经济政策的调整，法律的制定和修改，也要委托协会组织提出建议，这表明政府比较注意发挥民间组织的作用。

8.3 国有企业的经营管理状况

随着新加坡工业化、现代化的进展，国有企业的投资及所参与的经济领域迅速扩大，经济地位日益显著。从国有企业自身的经营管理看，国有企业经营业绩总体上较为理想，企业亏损甚少。90 年代初，淡马锡控股公司营业额就超过 60 亿新元，资产总额达15亿新元，股东基金高达80亿新元。其下属的企业盈利能力较强。如吉宝企业1990年的营业收入达14亿新元，营业盈利共计2.45亿新元，分别比上年增长37%和52%，上缴税金5788万新元，上升50%以上。发展银行1991年扩充普通储备金为5.7785亿新元，列新加坡4大银行（另3家大银行是大华银行、华侨银行和华联银行）之首。与此同时，主要法定机构的业务经营连年盈余，1991年10个主要法定机构的年盈余额合计达25亿新元。

现以新加坡航空公司、裕廊镇管理局、邮政储蓄银行为例，说明新加坡国有企业的经营管理状况。

8.3.1 新加坡航空公司

“新航”的前身是1957年成立的马来亚航空公司，1972年从中分离独立组成“新航”。“新航”隶属于新加坡政府最大的控股公司——淡马锡控股公司。在1985年公开发售股票前，政府拥有新航股权的63%。1985年后，该公司的股票在交易所公开挂牌出售，政府拥有的股权有所减少，目前约有50%左右。

“新航”自独立以来便步入了快速发展的轨道。从1978年开始，该公司推行机队现代化计划，迅速跻身于国际航空市场，并成为一个有力的竞争者。据国际航空运输协会的统计，按载客量和飞行里程计算，“新航”在1972年只列世界第54位，1987年跃居世界第5位，仅次于“英航”、“日航”、“泛美”及“德航”。据新加坡政府的统计，“新航”自80年代末，每年为国家赚取的外汇净额就超过了25亿新元，上缴给政府、法定机构、独资国营公司的税收及其他款项每年约3亿新元。“新航”以其优质、高效、服务周到为全世界树立了一个最佳国有企业的形象。新航经营业绩优良的原因是：一是“新航”与其他国有企业一样，不挂国有招牌，而且以私人企业的身份经营，按照公司法规定向有关部门注册登记，取得企业法人地位，与私人企业一同在市场上自由竞争，在竞争中求生存、求发展，不享有任何特权。二是政府不干预企业的内部事务，企业具有完全的经营自主权，政府只是通过人事参与和财务监督等措施进行间接控制。在这样的国有企业管理体制下，企业决策层和经营管理人员的素质高低，是企业经营成败的关键。“新航”董事会成员的共同特点是：年富力强、学有专长（大都具有博士学位），并且有丰富的经济管理实践经验。企业高度的经营自主权与优秀管理人才结合在一起，使得“新航”内部管理层级很少，组织结构简化，决策和运作灵活、高效，能够对瞬息万变的市场环境作出迅速、正确的反映。三是员工训练有素、富有敬业精神。“新航”对员工训练方面的费用90年代初每年就达4000多万新元，以后用于技术、管理训练方面的费用都不断增加。“新航”还从各方面着力培养和提高公司的向心力和凝聚力，其中一个重要措施就是使公司员工的工资具有竞争性，以留住员工；另外还有与工资制度配套的利润分享计划和按当地标准具有极大吸引力的奖金发放计划。20年前，“新航”的空中小姐的工薪每月约为1000新元，1997年的工薪加津贴则达3400新元，高于世界上许多其他航空公司。

8.3.2 裕廊镇管理局

该局成立于1968年，是隶属于贸工部的一个法定机构。至今该机构管理全岛总共24个工业区，其中裕廊镇是最大的工业区，面积达6000多公顷，公司4000多家，雇用工人30多万。其主要职能是：第一，为厂商的生产经营提供品质精良、价格实惠、现代化的、齐全的工业设备。包括，工业用地、标准型工厂（建有现成的单层工厂以满足想要马上投入生产的厂商的要求）、多层的工厂大厦（适合无污染的轻工业使用，位于人口密集区）。第二，参与推动新加坡的研究与发展活动，并为其提供研究与发展设备。该局在新加坡国立大学附近建有占地 108 公顷的肯特岗科学工业园，这里环境优美，树木翠绿，工业园拥有准备充足的工厂场地及综合式厂房，吸引高科技机构在其立足生根。第三，提供灵活多样，如营业时间比其他银行长，在一些超级市场和百货商店设立储蓄站等，以方便储户；三是邮政储蓄银行由政府担保，客户在该银行存款几乎不承担任何风险；四是邮政储蓄银行的技术装备先进，经营管理效率高，运营费用低，竞争能力强。

8.4　国有企业的管理体制

新加坡的国有企业管理体制是一种国家所有权与企业经营权适当分离的体制。在新加坡，国有企业就其法律地位而言具有两重性质，一方面，国有企业与其普通私人企业一样在法律规定范围内独立地从事生产经营，并以其经营收入补偿其成本费用，自负盈亏，平等竞争，优胜劣汰；另一方面，国有企业的资产属于国家所有，国有企业在很大程度上又受到政府有意识的调节和控制。新加坡政府与国有企业的关系只是一种所有权与经营权适当分离的特殊关系。

8.4.1　国家拥有国有企业的所有权

国家的所有权主要体现在国家对国有企业拥有领导权和监督权上。其实现途径有：

（1）法律控制。

具有国有企业职能的法定机构由国会专门立法明确规定其职

能和权益，如《新加坡金融管理局法》对金融管理局这个法定机构的成立、领导机构、权力、职责、活动范围、监督等作了详尽的规定。与此同时，具有国有企业职能的法定机构作为企业还必须受《公司法》及其他法律的约束。至于政府资本间接投入的由三大控股公司管辖的国营公司，政府没有专门立法，只受《公司法》及其他法律的约束。

(2) 人事参与。

主要是指国有企业的董事主席和执行董事主要由国家委派，并且多数由政府官员兼任董事经理（总经理则由董事会招聘），至于公司内部的人事管理则由公司自己全权决定，政府无权干涉。

(3) 财务监督。

对国有企业的财务监督，分为两种类型：一是对法定机构的财务监督，主要由国会制定的专门法律作出规定和执行，主要内容包括要求各法定机构准备年度开支和补充开支预算，并要求准备年度财务帐单。检查人为总审计员或由部选派并为公司所认可的任何人。审计员的年度报告、帐单和资产负债表必须呈送部长和议会。另一种类型是对三大控股公司属下的国营公司的监督，主要依据公司法和有关法律的规定进行。这包括以下一些内容：第一，要求所有经营单位都必须有年度报告、月度财务报告。年度报告要经过董事会讨论通过，月度报告要经过董事经理签署；第二，年度报告和月度报告均要经过公共会计师审计签署之后，报给指定的政府部门及注册局、税务局，未经公共会计师审计签署的报告无效。公共会计师要对所签署的报告负法律责任；第三，政府可对任何国有企业随时进行不定期的审查和检查；第四，实行公共监督，即所有国有企业的经营资料，都存在注册局备查。不论任何人，只要交5分钱，就可索取一份有关公司的资料。

(4) 效率控制和廉洁监督。

效率控制主要是针对法定机构而言，因为它们的财务状况不一定必须反映它们的经营效率。至于三大控股公司属下的国营公司则不需要由政府进行专门的效率控制，因为，它们都参与市场经济的自由竞争。自由竞争的原则使它们必须具有效率，否则便无法生存和发展。对法定机构进行效率控制的最好办法是对其工作人员实行高薪的制度，并且为他们提供深造和训练的机会。廉洁监督则是通过总理直属的肃贪局对公务人员、国有企业职工进行监督，对他们的贪污行为进行调查。一经发现，哪怕是相当轻微的贪污行为，都会受到严惩。

8.4.2　国有企业拥有内容广泛的经营自主权

(1) 自由竞争权。

新加坡的国有企业，不论独资或合资，均不挂国有招牌，而是以私人企业名义，按照公司法规定向政府登记注册（法定机构例外），取得企业法人地位。国有企业在经营活动中，不享有任何特权，和私人企业一样在市场上平等竞争。政府对国有企业也不实行保护政策，既无财政补贴，也无关税保护和垄断价格。

(2) 财务自主权与财务责任制。

国有企业的财务自主权财务责任制包括以下内容：政府投资只是国有企业的一条辅助的筹集渠道，国有企业生产经营所需要的资本主要通过资本市场筹措；国有企业向政府举债时，也依据市场利率；政府严格执行资本收益标准，包括股息支付；国有企业要履行一定的社会责任，但没有过重的社会责任，它们也与其他私营企业一样，把追求最大限度的利润作为主要目标；除一些法定机构，如建屋局享有政府补贴外，均没有经营补贴，三大控股公司属下的国有企业则一概没有政府补贴；国有企业与私人企业一样，应用通行的会计标准，定期公布财务报表，由独立的私人审计师进行审计；企业经营的好坏与经理和雇员的工资、奖金和其他经济利益直接挂钩；企业依法纳税，税后利润和股息分红均由董事会决定，政府和母公司不得干预；雇员的工资根据企业的经营状况和个人贡献大小由企业自行决定。

（3）管理自主权与管理责任制。

主要包括以下内容：明确地划分所有者、战略制定者和经营者的作用。政府是国有企业的所有者和战略制定者，而企业本身是经营者；任命谙熟专业知识的董事，并赋予他们战略制定权和决策权；企业职工的招聘、晋升和工资的管理与政府部门的管理办法完全脱钩，均由企业自行确定，政府不得进行干预。

8.5 国有资产收益分配制度

新加坡的国有资产收益分配制度主要出自《公私法》及相关法律。就国有企业而言，政府作为国有企业的投资者，与其他投资者一样是企业的股东，政府和其他投资者投资后，其资金的使用由企业自主决定。企业的生产经营成果，必须首先依法纳税；其次，税后利润分配和股息分红均由董事会决定，并按股东出资多少分享，同时，董事会根据税后利润和经营目标，确定投资方向。就法定机构而言，法定机构在财务上实行独立核算，一般不受政府部门预算和其他财政控制，政府视其在国民经济中的重要性和经营状况等，给予一定的投资津贴和亏损补贴，有盈余的法定机构按法律规定负有一定的上缴义务。

后　记

新加坡是一个政治体制相对集中、经济体制处于开放状态的城市岛国。自1965年新加坡共和国成立以来，其经济建设取得了令人瞩目的成就，成为东南亚乃至亚洲最发达的国家之一。在新加坡的经济发展过程中，政府扮演着十分重要的角色，政府的财政税收政策和制度在新加坡经济发展和工业化进程中发挥了积极的、其他手段难以替代的作用。

在本书的编写过程中，新加坡政府财政的以下几个特点给我们留下了深刻的印象。一是新加坡政府十分重视利用财政、税收政策对经济发展，特别是对经济结构进行调节和控制，使资源配置与市场保持了一种协调的互补关系，故新加坡的资源配置效率无论在微观上还是宏观上都是比较高的；二是新加坡政府比较好地解决了财政收入与支出之间客观存在的矛盾，其财政支出总是被控制在财政收入之内，并保持了多年的财政盈余，形成了财政收支之间良好的对比关系；三是新加坡有名目繁多和范围广泛的税收优惠减免，这些税收优惠政策在调整产业结构方面发挥了积极的作用，与此同时，其税收收入却能保持长期稳定的增长，这种税收的调节功能和分配功能在实施效应上的一致也是在其他国家很少见的；四是新加坡政府成功地利用中央公积金制度解决了社会保障问题，将公民对工作的努力程度与其日后的生活保障水平紧密地联系起来，从而既减轻了政府财政的社会保障负担，又为公民长期享有较高的社会保障水准创造了条件；五是尽管新加坡是一个开放程度和对外依赖程度都很高的自由经济国家，但其政府的外债规模却很小，近年来几乎没有外债，这也是其财政实力强大的表现。总之，新加坡的财政制度有很多自身的特点，新加坡政府也比较好地解决了世界各国政府长期共同面临的一些财政难题，因此，其财政管理方面的成功经验是值得我们学习和借鉴的。

《新加坡财政制度》是财政部“九五”重点课题《国际财政制度比较》的子课题之一。该书在掌握大量数据资料的基础上对新加坡的财政状况和财政制度进行了客观详细的介绍。目的是使读者和有关部门对新加坡财政和税收制度的全貌有所了解，并对深化我国财政税收体制改革提供借鉴。

本书由山东财政学院左敏教授编写第 1—6 章，卢洪友教授编写第 7—8 章。在本书的编写过程中，得到新加坡国立大学人文学院的张兆勇博士、中国科学院地理研究所的窦群博士、外交部国际问题研究所的魏永生同志、财政部预算司的李延东同志的热心帮助，他们为本书的编写提供了大量资料；此外，山东财政学院财政系的马国华、郭静、武志红等同志为本书编写做了大量的资料搜集和翻译工作，在此一并致谢。

由于作者水平有限，加之受资料的限制，书中一些章节比较粗略，疏漏甚至错误也在所难免，恳请读者批评指正。

作 者

1998 年 7 月

主要参考文献

1.《新兴工业及儒家文化——新加坡道路及发展模式》，马志刚著，时事出版社 1996 年 7 月出版。

2.《新加坡发展经验》，新加坡南洋理工大学亚洲商业与经济研究中心主编，对外经贸出版社 1994 年 5 月出版。

3. Singapore - Facts and Pictures 1 9 9 7 , Published by the Ministry of Information and the Arts.

4. Fiscal System of Singapore , Centre for Advanced Studied National University of Singapore.

5. Yearbook of Statistics Singapore , 1 9 9 7 , Singapore Department of Statistics.

6. Singapore 1 9 9 7 , Published by Ministry of Information and the Arts.

财 经 版
03检